말더듬이 연도대상

도서출판 더 클

말더듬이 연도대상

초판 1쇄 인쇄 2016년 5월 31일 / **초판 3쇄** 발행 2016년 6월 12일
지은이　　이운영
발행인　　유준원
고문　　　강원국
편집　　　박주연, 장선아
디자인　　이완수
발행처　　도서출판 더클
공급처　　명문사
출판신고　제2014-000053호
주소　　　서울시 금천구 디지털로9길 65 백상스타타워 1차 511호
전화　　　(02) 6213-3222
팩스　　　(02) 6111-3919
전자우편　thecleceo@naver.com

이 도서의 국립중앙도서관 출판예정도서목록(CIP)은 서지정보유통지원시스템 홈페이지(http://seoji.nl.go.kr)와 국가자료공동목록시스템(http://www.nl.go.kr/kolisnet)에서 이용하실 수 있습니다. (CIP제어번호 : 2016013509)

도서출판 더클은 독자 여러분의 책에 관한 아이디어와 원고 투고를 기다리고 있습니다. 출간을 원하시는 분은 thecleceo@naver.com로 개요와 취지, 연락처 등을 보내주세요.

말 더듬이
연도대상

도서출판 더 클

사람마다 하나씩 두려워하는 게 있다. 나는 처음 만나는 사람과 대화를 오래 나누는 일이 그러했다. 그러나 내가 더듬더듬 말할 때 크게 불편함을 내비친 사람은 없었다. 반대로 생각해도 마찬가지다. 상대가 말을 더듬는다 할지라도 나 또한 그것에 대해서 어떤 불편함을 내비치지 않을 것이다. 이렇게 생각하면 간단한 일인데 왜 그렇게 스스로 말 더듬는 일을 두렵게만 느꼈는지 모른다. 무엇이 무엇인지 몰랐던, 어린 시절에 들었던 짧은 놀림이 이렇게 오래 남은 걸까? 생각해보면 별것도 아니었는데 말이다.

남 앞에 서는 걸 유난히 두려워했던 내가 현대해상에서 1,800명의 고객을 만났다. 고객과 고객의 가족, 그리고 함께 보험 일을 하는 설계사까지 합한다면 그 이상이기도 하다.

이제는 내 이야기를 누군가에게 들려주는 게 익숙해졌다. 그러나 앞서 말한 수많은 사람에게 들려준 이야기는 상품 설명이 큰 비중을 차지한다. 물론 짧은 안부와 크고 작은 조언을 주고받은 일도 있지만, 상대에게 정확하게 전달해야 하는 건 상품에 대한 명확한 정보였다.

어느 순간 "더 많은 사람에게 필요한 이야기를 전달하는 방법은 없을까?"라는 생각이 들었다. 그리고 이 생각을 계기로 책을 내겠다고 결심했다. 작게는 내 삶의 일부를 책을 통해 말하고 싶었고, 더 나아가서는 보험영업을 하며 다양한 사람을 만나고 설명한 것들을 전달하고 싶었다. 처음에는 '어떻게 전달해야 할까' 하고 막막했지만, 내 고객이나 설계사에게 충분히 도움 되는 내용이라는 확신이 들자 속도가 났다.

사실 처음에는 지금보다 더 나이가 들었을 때 책을 내면 어떨까 싶었다. 그러나 시간이 지나면서 하고 싶은 말이 한두 가지 쌓이다 보니 마음이 조급해졌다. 어차피 할 이야기라고 생각했고, 그게 분명하게 누군가에게 도움 될 이야기라면 늦출 필요가 없었다.

17년을 미뤄온 현대해상 2015년 영업수기 공모전에 입상하고 나서 더 속도를 내고 싶었는지도 모른다. 수상을 결정해준 심사위원들이 내 수기를 보고 '관심 가는 이야기'라고 생각했다면, 다른 사람들에게도 마찬가지이지 않을까 싶었다. 곧이어 내 이야기를 숙성시킨 시간이 17년이면 충분하다는 결론에 다다랐다.

보험이라는 일을 어디부터 어디까지라고 규정하기는 어렵지만, 분명한 것은 사람을 상대하는 일이라는 것이다. 그러나 대부분이 질병과 사고와 관련된 일이기에 종잡을 수 없고 예측할 수도 없다. 보험 일을 쉽게 생각하고 시작했다가 빠르게 뒤돌아서는 사람도 많이 봤고, 간혹 단기간에 억대 연봉을 받은 사람도 보았다. 물론 내가 하고 싶은 말은 억대 연봉에 대한 자랑이거나 억대 연봉의 비법이 아니다.

나는 보험의 중요성과 사람을 대하는 태도, 그리고 많은 일이 부메랑처럼 나에게 돌아온다는 것을 말해주고 싶다. 이 기본적인 정보를 안다면, 훨씬 많은 설계사가 억대 연봉자를 뛰어넘고 동시에 고객에게 인정받는 '인생 설계사'가 될 수 있다.

인생을 어두운 길을 걷는 것과 같다고 비유한다. 보이지 않았던 일이 갑작스레 눈앞으로 들이닥치기 때문이다. 그래서 보험이 필요하다고 말한다. 캄캄한 길 위에 내 고객들이 있다면, 그 길 위에서 위험을 살피는 일이 바로 내가 하는 일이다.

앞서 말했듯이 나는 말을 더듬는다. 그래서 한 번 더 생각한 후에 말하는 습관을 지니게 되었다. 그러다 보니 행동도 마찬가지로 완전하게 생각하고 정리한 후에 실행하게 되었다. 결과적으로 작은 단점을 보완해 오히려 큰 장점을 만든 셈이다. 그런 생각으로 보험을 했고, 고객에게는 차근차근 정리한 것을 자료와 함께 차분하게 설명했다.

현대해상에서 보험영업을 하며 17년이 지났다. 시간이 언제 이만큼이나 지났는지 모를 만큼 빠르게 지나갔다. 그동안 내가 받은 선물로는 우수인증대리점 5회, 블루리본 1회, 연도대상 신인상 1회, 장려상 4회, 동상 4회, CS 대상 1회이다. 전부 고객들로부터 받은 감사한 선물이자 축복이다.

　이런 선물을 받은 만큼 내 고객들과 동료, 그리고 선·후배들에게 선물이 될 만한 책을 쓰고 싶었고, 이렇게 출간하게 됐다. 내 마음이 담긴 선물을 모두 함께 기쁘게 공유했으면 한다.

4장 리쿠르팅

5장 보험을 잘하려면

6장　선물

말더듬이
연도대상

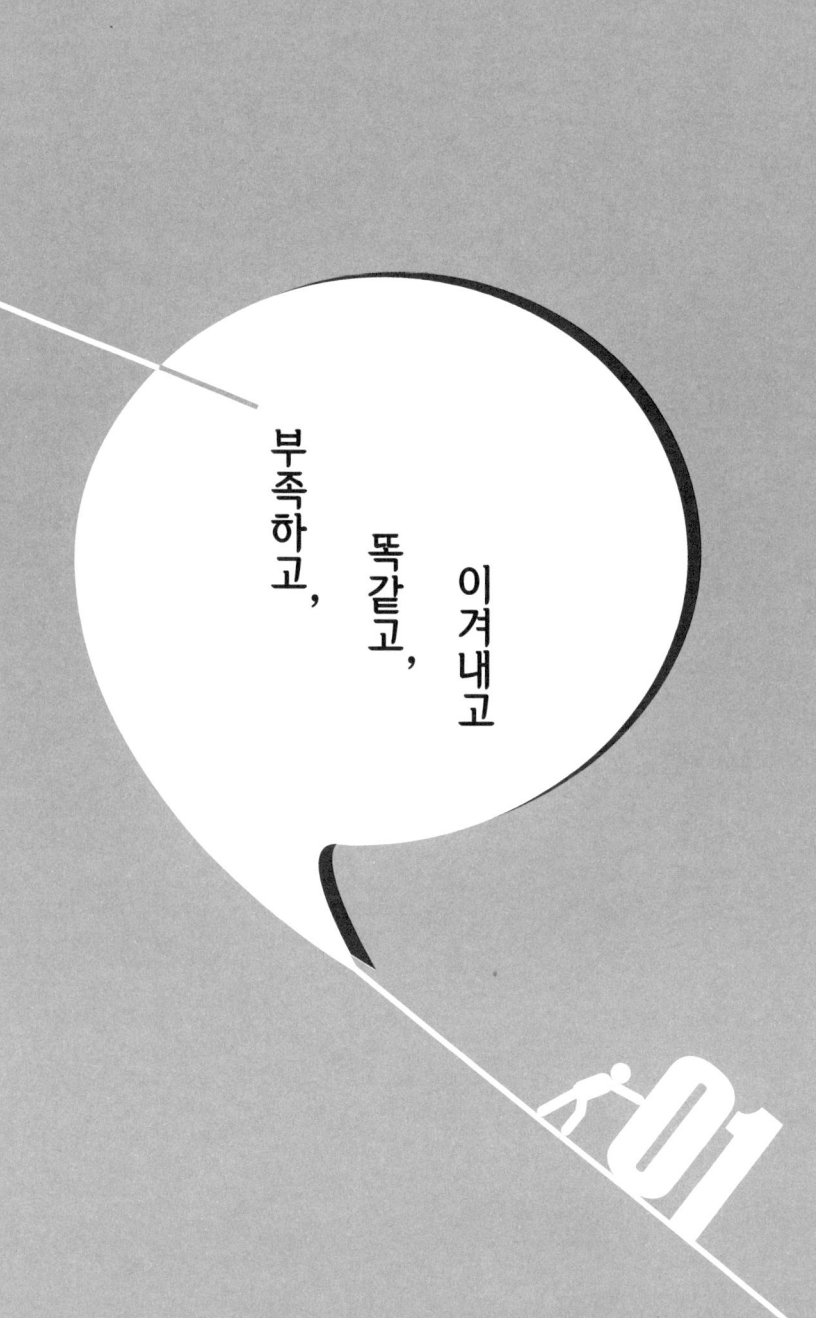

말더듬이
연도
대상

01

내 별명은
말더듬이

　나에게는 남들과 약간 다른 점이 있다. 말을 더듬는 것이다. 내가 이렇게 말하고 나면, 몇몇 사람들은 '이운영이 언제 말을 더듬었지?' 하며 의아해한다. 어린 시절부터 알던 사람을 제외하고, 내가 말을 더듬는다는 것을 잘 모른다.

　그만큼 내가 많은 준비를 한 후에 그 사람을 만났거나, 혹은 머릿속에 펼쳐진 생각을 하나하나 정리하고 속으로 외운 뒤에 말을 했기 때문이다. 그러나 대부분은 어느 정도 알고 있다. 나는 아직도 준비한 말이 부족하거나 차분하게 생각할 시간이 부족할 때는 말을 더듬는다.

말을 더듬는 건 어렸을 때부터 시작됐다. 정확하지는 않지만 물에 대한 공포와 관련이 있지 않을까 싶다. 내 기억에는 없지만, 부모님이 말씀하시길 어린 시절 동네 우물에 빠져 죽기 직전까지 갔었다고 했다. 아마 이때의 공포가 남아있어 말을 더듬는 게 아닐까 싶기도 하다. 그래서인지 아직도 물을 무서워한다. 그렇다고 목욕탕 물까지 무서워하는 정도는 아니다. 수영장과 바다처럼 넓거나 아득한 공간에 있는 물을 마주하면 긴장이 밀려오는 정도다.

누구나 예상하듯, 초등학교 시절 내 별명은 '말더듬이'였다. 친구들의 짓궂은 장난에 상처를 받기도 했지만, 지금 생각하면 친구들의 놀림이 스스로를 더 자연스럽게 인식할 수 있게 만들어준 계기가 된 것 같다.

어릴 땐 최대한 말을 하지 않으려고 노력했다. 내가 말을 더듬을 때마다 친구들의 장난기 가득한 웃음소리가 신경 쓰였기 때문이다. 그래서인지 선생님은 나에게 책 읽기를 자주 시켰다. 많이 읽고 연습하면 고쳐질 수 있다고 생각했던 것이다.

어느 날은 첫 발음부터 제대로 말이 안 나와서 얼굴이 새빨갛게 변했다. 그래도 해야 한다는 생각에 여러 번 시도했고, 결국엔 그 긴장감 때문에 같은 실수를 반복하게 됐다. 당황스러운 마음에 말보다 울음이 먼저 터져 버렸다.

내가 말을 더듬는다는 걸 인식했지만 쉽게 바뀌지는 않았다. 스스로 할 수 있는 대비책은 할 말을 미리 연습하는 것뿐이었다. 조금씩 말을 정리하는 시간을 가졌고, 그 연습 덕분에 그때만큼 말을 더듬지는 않는다.

사람들은 보통 말을 더듬는다고 하면, 극단적으로 상상하기도 한다. 방송 프로그램에서 말을 더듬는 사람이 등장하는 콩트를 보면, 대부분 처음부터 끝까지 말을 더듬는 사람으로 표현된다. 이 같은 방송만 봐도, 말을 더듬는 사람을 어떻게 상상하는지 알 수 있다.

나는 말을 많이 하지 않았다. 수다는 없다시피 했다. 할 말을 자주 생각하고 연습하면서 일상생활이나 학교생활에 문제가 없도록 노력했다. 그러나 스무 살이 되면서 큰 걱정이 하나 생겨났다. 바로 군대였다.

대학을 졸업하던 해에 입대를 하게 됐다. 나는 입대 전 3개월 동안 서울에서 말더듬 교정 학원에 다녔다. 경험하지 않은 군대지만 무조건 조심해야 한다는 두려움을 갖고 있었다. 벌써 30년 전의 일이다. 그 당시의 군대는 지금보다 더 폐쇄적인 곳이었고 살벌한 소문이 꽤 많이 돌았다.

군대는 일명 '다나까'체를 사용한다. "그렇습니다!" "알아듣겠나!" "알겠습니까!" 하는 식으로 모든 말이 정확해야 했다. 게다가 목소리에 군기가 바짝 들어있다는 걸 증명하듯 크고 절도 있어야 했다. 남들에게는 아무것도 아닌 일이 나에게는 어려운 일이었다. 이런 고민으로 3개월 동안 학원에 다니면서 열심히 연습했다. 짧은 시간으로 나아진 것도 같았지만, 완벽해진 것은 아니었다.

군대라는 곳에서 대부분 사람은 두려움을 느낀다. 집을 떠나 처음 만나는 여러 사람과 낯선 환경 속에서 2년이 넘는 긴 시간을 머물러야 한다. 그 공통된 두려움 속에서 나는 한 가지 더 추가되어 있으니, 걱정이 이만저만이 아니었다.

그래도 다행인 건 군대에서의 내 보직은 인사과 행정병으로, 말을 더 많이 한다거나 군대의 '각'을 가장 중요시하는 곳이 아니었다. 그러나 말은 어디에서든 기초적인 의사소통 수단이다.

내 담당 업무 중에는 매일 오후 5시에 진행하는 부대 참모 회의 자료를 작성하는 일이 있었다. 인사, 정보, 작전, 군수, 통신, 수송 등 각 부서의 당일 실시사항과 다음날 예정사항을 유선으로 전달받고, 타자기로 정리해 여러 장의 회의 자료를 만드는 일이었다.

지금처럼 메일이나 메신저가 있었으면 얼마나 좋았겠는가. 하지만 그 시절에는 전화로 관련 사항을 받아 적은 뒤, 먹지 여러 장을 겹쳐서 타자기로 쳐내야 했다. 여러 사항을 접하고 정리하는 건 문제가 아니었다. 바로 전화를 해서 받아 적어야 할 내용을 묻고, 상대가 하는 질문에 대해서도 똑바로 대답해야 한다는 게 문제였다.

"통신보안! 인사과 이병 이운영입니다. 정보과 금일 실시사항과 익일 예정사항을 말씀해주십시오."
"야, 너 지금 뭐라고 하는 거야? 못 알아듣겠어. 다시 말해봐!"

나는 분명 정확하게 말했다고 생각했는데, 건너편에서는 다시 말하라며 짜증 섞인 목소리를 냈다. 이렇게 각 부서 선임들과 전화 통화를 할 때마다 버벅대다 보니 회의 시간에 쫓길 수밖에 없었다. 마무리를 못 하는 경우가 생기면 게으름 부린 게 아니냐며 사수에게 혼이 나기도 했다. 제대를 한 달 앞둔 사수가 하면 30분만에 가능한 일인데 이등병인 나는 군대용어도 생소하고 타자도 느려 날마다 2시간 이상이 걸렸다.

매일 같이 다음날이 걱정돼서 잠을 설쳤다. 그렇게 며칠 지나고 난 후에야 해결책을 마련하게 됐다. 직접 참모 부서를 찾아가서 회의 자료를 받아오는 것이었다. 음성만으로 전달받아야 하는 전화 통화보다는 상대의 얼굴을 마주 보는 의사소통이 더 수월할 거라 생각했다.

나는 회의 2시간 전부터 사무실에서 나와 각 부서를 돌아다니며, 회의 내용을 받아 적었다. 물론 그것도 쉬운 일은 아니었다. 시간이 걸리는 건 마찬가지였다. 그래도 전화로 내 더듬거리는 말에 대한 편잔을 듣는 것보다는 편했다.

"인사과 이병 이운영입니다! 정보과에 금일 실시사항과 익일 예정사항을 받으러 왔습니다."

"응. 인사과에서 받으러 다니니 좋구나. 잘한다. 근데 고향이 어디냐? 왜 대학을 졸업하고 왔냐? 누나는 있냐?"

가끔 이런 식으로 업무와 필요 없는 말에도 답변해야 했으니, 생각한 시간보다 더 길어질 때도 있었다.

어쩔 수 없이 돌아다니면서 받은 일인데, "이번에 전입한 인사과 신병이 업무 파악을 위해 직접 참모 부서를 다닌다. 성의가 대단하다"며 선임들의 칭찬이 자자했다. 반대로 인사과에서는 "인사과 자존심도 없이 왜 네가 각 부서 회의 자료를 받으러 다니냐?"라는 말을 듣기도 했다. 그러나 군대용어도 생소하고 긴장하면 일상적인 말도 더듬거리는 나에겐 최고의 방법이었다.

나에게 만큼은 최고인 이 방법을 유지하기 위해 한 가지를 더 해야만 했다. 바로 뛰어다니는 것이었다. 아무리 서두른다 하더라도 전화보다 늦을 수밖에 없었지만, 걸어서 돌아다닐 때보다 시간이 단축됐다. 열심히 움직인 노력 덕분인지 그 후로 군대생활을 마음 편히 했다.

군대를 떠나, 사회에 돌아와서도 말을 더듬는다는 건 불편한 일이었다. 하지만 군대에서 몸을 더 많이 움직이고 선임들을 찾아다녔던 게 일상화가 되었듯, 지금 사회생활에서도 몸을 더 움직여서 내 단점을 극복하기 위해 노력하는 게 몸에 배었다.

군대에서 칭찬받은 이유를 보험에도 적용했다. 지금은 군 생활 때만큼 더듬거리지는 않지만, 여전히 전화 통화는 만나는 일보다 신경 쓰인다. 만나면 악수를 하고 눈을 마주치고 자료를 보여주는 연출이 가능한데 전화는 오직 목소리로만 전달하기 때문이다. 그래서 최대한 상대를 만나려고 노력한다.

보험 일에 어느 정도 적응한 뒤부터는 출근해서 제일 먼저 준비하는 게 있다. 그날 만날 고객에게 전달해줄 자료를 정리하는 일이다.

나는 오전부터 점심, 혹은 오전 따로 점심 따로, 오후 따로 저녁따로 일정한 간격을 두고 온종일 고객을 만나는데, 개인적으로 사무실로 찾아오는 고객까지 합하면 일주일에 20명 정도나 된다. 그러다 보니 퇴근 시각에도 일은 끝나지 않는다. 내일 만날 사람들을위해 어떤 자료가 필요할지 생각하고, 만들어둬야 하기 때문이다.

보험의 기본은 만남이고, 만남은 기술이 필요하다. 그 기술은 누구에게 적용해도 충분히 인정받을 수 있어야 한다. 내 기술은 잦은만남과 정보였다. 나만의 기술을 만들고 나서는 무조건 고객을 만났다. 고객을 통해 생각하고 실행하는 습관을 만들면, 실적으로 이어지게 돼 있다는 걸 깨달았다.

만약 내가 말을 잘하고 발음이 정확해서 전화 통화를 습관화했다면 오늘의 실적은 어림없었을 것이다. 말을 더듬는 내 단점은 나를 움직이게 만들었고, 그 단점이 오늘의 경쟁력을 만들어주었다.

⚡02

밥 심부름도 못 한
나

BYC 신입사원 시절, 회장은 정기적으로 전주에 있는 공장을 방문했다. 그는 전주공장에 올 때마다 별도로 마련된 공간에서 간부들과 함께 식사했는데, 그럴 때마다 나는 회장의 식사가 잘 준비되었는지 확인한 후에 상사인 과장에게 보고하는 임무를 맡았다. 식당은 사원용 식당과 간부 식당으로 구분되어 있었고, 간부 식당에 별도로 회장의 식사 자리를 마련해 놓아야 했다. 내가 식사가 준비되었다는 보고를 하면 과장이 식당으로 회장을 안내했다.

그날도 회장이 전주공장을 방문했다. 나는 업무가 바빴던 탓에 영양사에게 내가 할 일을 부탁하고 일을 보았다. 영양사가 식사 자리가 마련되었다는 연락을 주었고 나는 과장에게 바로 보고했다.

그리고 식사시간이 되어 나도 식당으로 점심을 먹으러 갔다. 몇 숟가락 뜨던 찰나였다.

"이운영 씨!"

과장이 식당 입구에서 큰 소리로 나를 불렀다.
소란스럽던 구내식당이 순간 조용해졌고 나는 듣자마자 수저를 놓고 과장 앞으로 달려갔다.

"밥 심부름 하나 제대로 못 해?"

식당 안 직원들은 일제히 나를 쳐다봤다. 화가 난 표정이 역력한 과장의 얼굴은 문제가 아니었다. 나는 무엇이 잘못됐는지도 모른 채 모멸감을 느꼈다. 머리가 하애졌다. 간부 식당 자리로 가보았더니, 회장이 자리가 없어서 한참을 기다리다 식사를 했다는 것이다. 그 순간 자리를 제대로 준비 못 한 것에 대한 실수보다, 많은 직원 앞에서 망신을 당한 문제가 더 크게 다가왔다. 함께 식사하던 동료들 얼굴을 똑바로 바라볼 수 없었다. 그대로 식당을 빠져나왔다. 등 뒤로 모든 직원의 시선이 느껴졌다.
아무리 생각해도 크게 잘못한 게 없었다. 억울하다는 생각마저 들었다. 제대로 알려주지 않은 영양사도 원망스럽고 직원들 앞에서 내 이름을 부르며 큰 소리를 친 과장도 원망스러웠다.

‘회장이 자기 회사 직원들 사이에서 밥 좀 늦게 먹은 일이 뭐 그렇게 잘못된 일이라고…….’

결국 밤새 잠을 못 이루다가 다음 날 출근하지 않았다. 초, 중, 고등학교, 이어서 대학교에 다니며 부모님 말씀도 거역하지 않고 실수하지 않으려 애쓰며 살던 나였다. 기껏 밥 먹을 자리 맡는 심부름을 잘하려고 입사한 게 아니었다.

부모님은 큰 회사에 입사한 나를 자랑스러워 하셨고 친구들과 선·후배들도 나를 부러워했다. 그렇게 자랑스러웠던 회사에 온갖 정이 다 떨어져 버렸다. 세상에 태어나서 가장 크게 망신당했다는 생각에 심한 자괴감까지 들었다. 자연스레 퇴사까지 생각하게 되었다. 결근한 상황에서 퇴사하지 않는 게 더 비겁해 보였다. 생각이 거기까지 미쳤을 때 회사에서 사람이 찾아왔다. 대학 2년 선배인 최병완 계장이었다.

“과장님 성격이 급해서 그렇지, 뒤끝은 없어. 오히려 너한테 미안해하고 있어. 그리고 너 이 정도 문제로 회사를 그만두면 어디 가도 직장생활 못 한다. 생각해봐라. 사소한 실수에 상사들한테 모멸감 받는 일이 이뿐이겠냐? 너 진짜로 퇴사한다면 너를 아는 사람들한테 실망만 안겨줄 뿐이다. 다시 한번 생각해봐라.”

계장의 말을 듣고 보니 또 다른 깨달음이 찾아왔다.

'아! 그렇다. 바쁘다는 이유로 맡은 일을 책임지지 않았던 내가 원인이었구나.'

무엇보다 이깟 사소한 일로 퇴사까지 결심한 나 자신이 창피스러웠다. 다음 날 출근을 했고 열심히 직장생활을 이어나갔다. 그 후로 10년을 성실하게 보냈고, 퇴사한 후 보험 일을 하고 있다.

지금 다니고 있는 현대해상은 대기업이다. 해마다 명문대 출신들이 신입사원으로 입사하고 업무를 시작하는 곳이다. 영업 부서에 배치받은 명문대 출신들도 담당 업무 앞에서는 예외가 없다. 비품을 나르고 판촉물을 나를 때마다 어김없이 30년 전 내 모습이 떠오른다. 그들이 사소하다고 생각할 수 있는 업무를 할 땐, 내가 겪었던 밥 심부름 이야기를 들려주며 격려해준다.

그들도 내가 경험했던 사소한 일에 자존심 상하며 퇴사를 결심하지 않는다고 누가 장담을 하겠는가. 만약 신입 시절 곧바로 퇴사했더라면 내 인생은 어떻게 되었을까? 분명한 건, 지금보다 발전돼 있지는 않았을 것이다.

우리는 고객의 계약으로 인해 소득이 결정되는 직업이다. 지금의 상사는 회사의 간부가 아니라 고객이다. 누가 내 상사가 될지 아무도 모른다. 내 입맛에 맞는 상사들이 늘 나와 함께 일할 것이라고 기대도 할 수 없다.

고객이라는 상사는 때로 심한 말을 할 수도 있고, 작은 실수로 인해 큰 오해가 생길 수 있다. 상사 때문에 피해를 받는다고 생각하는 순간 어떻게 대처할 것인가. 그런 일은 예측조차 어렵다. 정작 상황이 발생하면 답도 없다. 해답은 각자에게 주어진 문제 해결 방법에 있다.

밥 심부름 하나도 제대로 하지 못 해서, 상사에게 창피함을 당했던 내가 지금은 어떤가. 결국 그런 실수와 상사들 덕분에 이만큼 자랐다. 그걸 상처로만 기억하지 않고, 해결 방법을 하나씩 찾아낼 때마다 결과는 달라지기 마련이다.

지금 생각해보면 밥 심부름 사건 때 최병완 선배의 조언이 고마운 일이 되었다. 순순히 선배 말을 잘 들은 게 얼마나 다행인지 모른다. 20대 후반의 이운영, 그리고 지금의 나 이운영에게 선물을 준 것이다. 그 선물은 50대가 넘은 지금까지도 잘 사용하고 있다.

어멈도
동의했느냐

"나는 우리 장남이 큰 회사의 인사과장 하는 게 좋다. 보험영업
을 한다는 건 죽어도 반대야. 누구한테 창피해서 말도 못 하겠다.
어멈도 동의했느냐? 그럼 네 아내와 함께 와서 이야기해라."

공무원으로 지내시다 정년퇴직을 하신 아버지는 내가 큰 회사 인
사과장으로 근무하는 것을 자랑스럽게 여기셨다. 다니고 있는 회
사를 퇴직하고 보험 일을 시작하겠다는 내 말을 쉽게 허락하지는
않으실 거라 예상했지만, 너무도 완고하게 반대하셨다.
다음 날 아내와 함께 부모님 댁을 다시 찾았다. 아버지는 아내에
게 심문하듯 말씀하셨다.

"자식도 아들 하나인 너희가 그 정도로 맞벌이하면 됐지. 무엇이 부족해서 멀쩡하게 다니던 회사를 그만두고 보험영업을 한다는 건 지……. 이해를 하려고 해도 도무지 이해가 안 된다."

아버지의 입장에서는 틀린 말이 아니었다. 나로서는 하고 싶은 말을 다 쏟아낼 수 없었다. 그런 상황에서 아내가 차분한 어조로 얘기했다.

"아이 아빠가 하고 싶다고 해서 동의했어요. 아버님께서도 한번 믿어주셨으면 합니다."

아내도 속으로 여러 생각이 있었을 텐데 그런 내색 한 번 비친 적이 없었다. 나를 믿어주는 아내에게 참으로 고마웠다. 아버지는 아내의 말에 한숨을 몇 번 내쉴 뿐 다른 말씀은 하지 않으셨다.

3남 2녀 중 장남으로 살아가며 모든 일을 부모님과 상의했던 내가, 처음으로 부모님 반대를 무릅쓰고 퇴직을 했다. 대학 졸업 후 곧바로 ㈜BYC에 입사해 만 11년을 근무하던 때였다.

종업원이 1,000명 이상 되는 BYC에서 인사과장으로 근무하는 11년 동안 누구보다 직장생활에 만족했다. 그러나 입사 10년 차가 넘어가면서 생각이 복잡해졌다. 나보다 5년, 10년 먼저 입사한 선배의 모습에서 나의 5년, 10년 후 모습이 보이기 시작한 것이다. 직장생활이 주는 행복보다는 불안감이 커지고 있었다.

'직장생활은 어차피 끝이라는 게 있다.'

이러한 불안감에 40세가 되기 전에는 자영업을 해야겠다고 결심했다. 결심한 뒤로 바쁘게 새로운 일을 알아보기 시작했고, 주변 지인들을 만날 때마다 괜찮은 아이템이 있으면 추천해달라고 부탁했다. 그 정도로 내 결심은 확고했다.

당시 나는 음식점, 전자제품 대리점, 화장품 대리점, 신발 전문점, 여행사, 금은방 등 많은 업종에 대해 시장 조사를 했다. 내가 떠올리는 업종은 단순했다. 회사 내에 산업체 부설학교인 정명여자상업고등학교가 있어 미혼 여성이 많으니 그들을 상대로 할 수 있는 업종을 중심으로 살핀 것이다.

그러던 중 병원 기획실장을 하며 현대해상 대리점을 하는 서봉열 대표로부터 보험대리점을 권유를 받았다. 대표의 말은 고마웠다. 하지만 나는 남에게 아쉬운 소리를 못하는 성격 때문에 보험은 맞지 않는 일이라고 말했다. 나는 다른 아이템을 추천해달라며 정중하지만 단번에 거절했다.

다시 직장을 다니면서 여가를 이용해 시장 조사를 하고 다녔다. 몇 달 후 서봉열 대표가 다시 보험을 권유했다.

"자동차보험, 화재보험은 누구나 가입을 쉽게 할 수가 있고 보험

대리점은 자본도 안 들어. 일하다가 적성에 안 맞는다고 생각되면 그때 그만두고 다른 일을 찾아보는 것도 괜찮지 않을까?"

틀린 말은 아니었다. 남들도 다 하는 일이니 겁먹을 필요는 없었다. 내가 생각했던 것들이 미혼인 여사원을 염두에 둔 업종이었던 만큼 보험도 나름대로 경쟁력이 있다고 생각했다.

'실패는 이왕이면 일찍 해보는 게 좋다'라는 말이 생각났다. 매번 시장 조사만 다녔지, 선택이 늦어지고 있던 시기였다. 시작하는 걸 계속 미룰 수만은 없었다. 또한, 평소 나에게 많은 도움을 준 내가 좋아하는 선배의 말이었기에 생각을 바꿀 수 있었다.

'그래. 내 성격과 맞지 않으면, 최선을 다했는데도 결과가 나쁘다면, 그때 다시 생각해보자.'

나는 생각을 바꾼 뒤 스스로 알아보기 시작했다. 좀 더 자세히 알아보니 보험영업이야말로 자신의 전문지식과 인맥을 활용하여 고소득을 올릴 수 있는 직종이었다.

이듬해, 1999년 6월 14일 현대해상 대리점을 개설하게 되었다. 내 고향 고창에 있는 선운산 이름을 따 선운대리점으로 보험 일에 첫발을 내딛게 된 것이다. 당시 나는 결혼 8년 차였고, 여섯 살 아들이 유치원에 다니던 때였다. 인생에 있어 중요한 시기를 건너고 있었다.

아버지의 완강한 반대가 있었지만 "어멈도 동의했느냐?"라는 질문과 아내의 동의, 그리고 '나를 믿는다'는 한마디로 시작됐다.

그렇게 새로운 인생, 내 보험 인생이 시작되었다.

04

한 달 후에
죽는다

연도대상을 몇 차례 받은 후부터 영업수기 공모전에 글을 내보라는 말을 자주 들었다. 그러나 쉽게 엄두를 낼 수 있는 일이 아니었다. 2014년에 한 번 마음을 잡고 수기를 쓰기는 했지만, 결국에는 제출하지 못했다. 쑥스러운 데다 괜히 냈다고 후회할 것만 같아서였다. 그러다 2015년 하반기에는 책까지 낸다고 소문도 낸 마당에 도전해보는 게 어떨까 싶었다.

직전 연도에 쓴 내용을 훑어보았더니 그때 안 내길 잘했다는 안도가 들 정도로 엉성하기 짝이 없었다. 영업수기를 쓰면서 원고도 마무리하고 있었다. 원고를 마무리하는 와중에 영업수기는 즐거운 스트레스가 되었다. 무조건 잘 써내야 한다고 욕심을 냈던 지난날이 머릿속에 스쳐 지나갔다.

　그러면서 지난 17년을 돌이켜 보았는데, 가장 힘들었던 과거가 떠올랐다. 내가 한 달 후에 죽을 수도 있다고 생각하며 계룡산에 들어갔던 기억이다. 물론, 지금 떠올리는 계룡산에 대한 기억은 내 인생에서 소중한 체험으로 남아있다.

　나쁜 일은 갑자기, 어느 날 불현듯 생긴다고 한다. 그런 날이 나에게도 올 거라 예상하지 못했다. 생각하지도 않았던 큰 채무를 갑자기 떠안게 되었던 것이다. 머릿속이 복잡해졌다. 일이 손에 잡힐리 없었다.

　"돈거래를 하면 돈뿐만 아니라 사람도 잃는다."

　당시 나에게 딱 맞는 말이었다. 원래 시련이라는 게 예정에 없는 것이라지만 정도껏이어야 하지 않겠는가 싶었다. 단순하게 일만 손에 안 잡히는 게 아니었다. 남들은 기분 좋아하는 화창한 봄날, 차창 밖에서 밀려 들어오는 작은 바람이 스치기만 해도 온몸이 감전된 것처럼 머리카락이 쭈뼛 서는 느낌이 들 정도였다.

　밤새 두통에 시달려 잠도 잘 수 없었다. 불면증은 꽤 오래 나를 괴롭혔다. 잠이 들었다가도 식은땀을 흘리며 벌떡 일어나 한동안 말없이 멍하게 앉아있기도 했다. 아내는 곤히 잠들어있다가도 잠못 드는 나 때문에 함께 괴로워하기도 했다. 아내에게 유언을 남겨야 한다는 흉측한 생각이 들기도 할 때였다.

전화기를 꺼놓고 아무 일도 하고 싶지 않았다. 쉬고 싶다는 생각만 밀려들었다. 마음만 그럴 뿐, 우리 일은 그렇게 할 수 없는 직업이었다. 접촉 사고에서부터 고객들의 애경사까지 챙기기 위해서는 전화기를 꺼놓는다는 건 상상할 수도 없는 일이었다.

그러다 내 일이 점차 사람들에게 알려졌고 위로와 조언이 쏟아졌다. 오만가지 이야기를 듣던 중에 계룡산에 들어가 마음수련을 해보면 어떻겠냐는 말에 솔깃해졌다. 나는 곧바로 계룡산으로 달려갔다.

첫날 휴대전화를 반납하라는 말이 어찌나 반가웠는지 모른다. 내 의지로 손에서 뗄 수 없던 휴대전화기는 타인 덕분에 전원을 끌 수 있었다.

처음 수련원이라는 곳을 상상했을 때, 마음에 안정을 주는 프로그램만 생각했다. 그러나 그 자리에서 내가 처음 들은 말은 충격적이었다.

"당신은 이제 한 달 뒤에 죽습니다."

내가 그곳을 찾아간 이유는 살고 싶다는 막연함 때문이었다. 날마다 고통스럽고, 죽고 싶은 마음에서 벗어나 잘살아 보려고 간 것이었는데, 한 달 뒤에 죽는다는 말을 이해할 수 없었다. 그러나 말은 끝까지 듣고 볼 일이다.

"한 달 후에 죽는다고 생각하십시오. 자신을 죽이세요. 죽었다고 상상하는 겁니다. 바깥일은 모두 다 버리세요. 지금의 나도, 과거의 나도, 모두 짐일 뿐입니다. 다 버려야 합니다."

뒷말까지 듣자 죽는다는 말이 반갑게 들릴 정도였다. 바깥일에 얽혀있는 나, 과거에 얽매여 있는 나를 이곳에서 죽여야만 한다는 결심이 섰다. 보름 동안 그곳의 프로그램을 충실히 따랐다. 그리고 보름 후 그곳을 나왔을 때, 나는 상당히 좋아진 상태로 되돌아왔다.

모든 고통스러운 감정은 내 안의 욕심과 배려하지 않는 마음에서 나온 것이다. 갑자기 떠안게 된 그 빚마저도 생각을 달리하니 편해졌다.

'그래! 나는 그 돈이 없어도 당장에 죽고 사는 문제가 아니다. 그 사람은 오죽했으면 나를 힘들게 했을까. 내가 열심히 일해서 갚아나가면 되고 위험에 처한 사람을 내가 도와줬다고 생각하자. 훗날 여유가 생기면 갚아주겠지.'

지나고 보니 아무 문제도 아닌 일이었다. 오히려 그때 가장 크게 성장한 것과 마찬가지였다. 40대 초반까지 앞만 보고 성실하게 살면 된다는 막연하고 안일한 생각에서, 인생을 더 돌아봐야 한다는 마음을 갖게 되었다. 조심해서 살아야 하고 주변의 어려움에 인색해서도 안 된다는 어른의 생각으로 바뀐 것이다.

죽는 날이 언제일지는 아무도 모른다. 만약 우리가 한 달 뒤에 죽는다고 예정일을 받게 된다면 그 한 달을 어떻게 살 것인가. 나는 그때 가족들이 순서대로 떠올랐고 이어 고객과 동료, 친구, 선·후배들이 생각났다. 그리고 내가 잘살아야 한다는, 인정받고 살아야 한다는 결론을 마주했다.

다음 날부터 세상은 달라지기 시작했다. 한 달 후에 죽지 않는다는 안도감보다, 이전보다 더 잘살기 위해 노력하겠다는 각오를 가진 내가 자랑스러워진 것이다.

나는 아직도 일이 풀리지 않고 힘들다고 생각될 때면 계룡산에서 강사가 한 첫 말을 떠올려본다.

"당신은 한 달 후에 죽습니다!"

가족의
소중함

　나는 평범한 가정에 태어나 자라면서 큰 어려움 없이 유년기와 학창 시절을 보냈다. 5남매 모두 결혼해서 평범하게 살고 있었고, 부모님도 건강하시다. 그런 우리 가족에게 청천벽력 같은 사건이 생긴 건 2012년 10월이었다.

　형제들 모두가 온화해서 깐깐함과는 거리가 먼 반면에 둘째 여동생은 정확하고 꼼꼼해서 집안의 궂은일과 대소사를 잘 챙겼다. 20년 전부터 남매끼리 매월 5만 원씩 가족 계를 시작했는데, 당연한 것처럼 여동생이 수금과 관리를 도맡을 정도였다.

　형제들끼리 하는 작은 계였지만, 곗돈을 제때 내지 않으면 어김없이 동생의 전화를 받아야 했다. 귀찮거나, 별거 아닌 일로 넘어갈 수 있는 일들을 야무지고 똑똑하게 챙겨준 고마운 동생이었다.

나는 다른 동생들과도 각별한 사이지만, 특히 둘째 동생과는 어릴 적부터 유난히 잘 지냈다. 섬유회사에 다녔을 때도 둘째 동생에게는 속옷 선물도 자주 했고, 동생은 늘 반갑게 선물을 받아 들었다. 모두가 평범하다고 생각되는 우리 집안에, 그렇게 예쁜 동생에게 날벼락이 떨어졌다.

동생이 쓰러진 건 새벽 3시였다. 원인은 뇌출혈이라고 했다. 우리 가족은 둘째가 응급실로 긴급 후송되었다는 소식을 아침에야 들을 수 있었다. 동생은 분당 서울대병원에서 수술을 마쳤지만, 거의 한 달 동안 의식이 없었다.

나와 가족들은 근심, 걱정으로 하루하루를 보냈다. 나도 젊다고 생각하는데, 나보다 더 젊은 동생이 일어나지를 못하고 있다니……. 계속해서 의식 없는 상태가 이어지면 어떻게 해야 하나 노심초사했다. 그러나 다행스럽게도 한 달이 지나고부터 차츰 의식이 돌아왔다. 그렇게 54일째 되던 날 동생은 퇴원하게 됐다. 거동이 약간 불편해 보이기는 했지만, 놀라서 그런 거라 생각했다. 무엇보다 깨어난 것만으로도 다행이라는 마음이 앞섰다.

문제는 그다음이었다. 입원 전 야무졌던 동생의 모습은 사라지고, 집안에서 이상한 증세를 보이기 시작한다는 소식을 듣게 되었다. 조카는 휴학까지 하면서 동생의 병간호를 했고, 매제도 헌신적으로 노력했다. 온 가족의 기도 때문인지 동생은 빠르게 호전되는 듯싶었다.

그것도 잠시. 병세의 기복이 심해졌다. 2년이 지나면서 다시 악화되더니 급기야 2015년 3월에는 치매 진단이 내려졌다. 믿을 수 없다는 게 바로 이런 상황일까 싶었다.

'세상에 어린 나이에, 천사 같은 내 동생에게 치매가 찾아오다니……'

고객에게 병이라는 건 언제든 찾아올 수 있다고 말을 했지만, 그런 일이 내 동생에게 닥치게 되리라고는 생각지도 못했다. 심지어 장기적으로 가족이 보호해야 하는 치매 진단은 우리의 마음을 더욱 무너지게 만들었다.

조카는 복학을 했고 매제는 직장생활을 해야만 하는 상황이었다. 조카와 매제는 교대로 애를 쓰며 간호했지만, 동생의 치매는 쉽게 낫지 않았다. 멀리서 마음만 졸일 뿐 아무런 도움도 못 주는 오빠인 것만 같아 괴롭고 미안하기만 했다.

동생이 갑작스럽게 발작 증세를 보일 때 방문을 잠글 수밖에 없는 매제와 조카를 생각하면 깊은 한숨만 나올 뿐이었다. 무엇보다 동생 소식을 듣거나 못 듣거나, 동생만 생각하며 식사도 제대로 못 하시는 연로한 부모님이 안타까웠다.

다른 가족에 비해 자주 만났던 우리 가족이었지만, 동생의 치매 진단 후 부모님 생신이나 여러 애경사도 제대로 챙기지 못하는 상황이 되었다. 어쩌다 만나더라도 예전처럼 즐겁고 흥이 나지 않았다. 항상 똑소리 나게 가족 전부를 챙겼던 동생의 빈자리는 그만큼 컸다.

지금도 어머니께서는 가족 모임이 있는 날이면 항상 같은 말을 하신다.

"아이고! 우리 운경이가 빨리 나아야 할 텐데……."

늘 걱정만 앞선 말뿐이다. 아무리 예고 없이 불행이 닥친다고 한다지만, 이렇게 대책 없는 재앙이 우리 가족에게 다가올 거라고는 상상도 못 했다.

불행이란 녀석은 늘 대비하기 어렵다. 올 줄 알고 미리 연습할 수 있는 일도 아니다. 가족 중 한 명이라도 우환이 생기면, 그건 혼자만의 고통이 아니다. 바로 주변에 있는 모든 가족이 당사자만큼, 혹은 당사자보다 더 큰 고통을 안게 되는 일임을 다시 한 번 알게 되었다.

불행 중 다행이라고 해야 하는지 모르겠지만, 동생 앞으로 보험이 가입되어 있었다. 나에게 2003년에 가입해 둔 보험에서 실비와 뇌졸중 진단금, 치매 진단금이 나왔다.

병은 고통 그 이상이다. 대부분 병은 돈만으로 치료할 수 없고 이전의 행복을 복구해주지도 못한다. 돈으로 환산할 수 없는 가족의 아픔이지만, 동생을 간호하며 사회생활도 유지해야 하는 나머

지 가족들에게는 그나마 작은 보탬이나마 되었으리라 생각한다.

　우리는 늘 건강하다고 자만한다. 그리고 눈앞에 어떤 병도 없을 거라고 막연한 확신을 갖고 있다. 그러나 한 치 앞도 내다볼 수 없는 게 우리의 인생사다. 나와 우리 가족도 젊은 동생에게 이런 사고가 일어날 거라는 예상은 전혀 할 수 없었다. 대비가 필요하다는 것, 그리고 가족을 더더욱 아껴야 한다는 것을 그때 더 깨달았다.

　동생의 치매 진단을 통해 보험의 가치와 필요성을 전달하는 교훈으로 삼았다는 게 부끄럽고 미안하지만, 우리가 알고 있어야 할 현실적인 문제이기도 하다.

　지금 내 동생은 여전히 아프다. 그러나 가족의 간절한 기도를 통해 언젠가는 쾌유하리라 믿어 의심치 않는다.

06

모르겠는데요, 없습니다

"모르겠는데요."

"없습니다."

귀찮은 일이 진행되지 않게 하는 데에는 이 두 마디면 충분하다.

시청에 누구를 아느냐, 검찰청에 아는 사람 있느냐, 추천해줄 변호사가 있느냐, 건축설계사 잘 아느냐, 사업자금이 필요한데 대출해줄 은행 없느냐 등등 나에게 쏟아지는 질문은 너무 다양히다.

내가 대답할 수 있는 질문이 아니라면, 위에 쓴 '모르겠다' '없다'는 답변을 하는 게 가장 좋은 방법이다. 그러나 그 말이 입 밖으로 잘 나오지 않는다는 게 문제다.

사람들은 나에게 이런저런 질문을 많이 한다. 기차표 예매부터 여행지와 여행코스 추천, 대출과 부동산매매, 주식투자, 중매 정보까지……. 질문의 무게가 무겁든 가볍든 각자에게 필요한 일을 문의해 온다. 그중 특히 많이 들어오는 질문은 어떤 사업과 관련된 담당 공무원이나 해당 업무 고위직을 아는지에 대한 문의다.

사실 나와 가까운 사람이 물어보는 경우에만 '확실하지는 않지만 알아보겠다'고 답하면 된다. 그러나 문제는 잘 모르는 사람들이 질문할 때다. 전혀 알지 못하는 사람이 나조차도 모르는 분야를 물어오는 경우에도 알아보겠다고 대답하게 되는 것이다. 본래 거절보다는 승낙을 많이 해주는 편이기도 하고 직업 특성상 많은 사람을 만나고 상담을 하는 게 일이라서 그런지도 모른다.

특히, 다급하게 물어오거나 부탁하는 경우에는 그 사람이 보는 앞에서 곧바로 여기저기 전화를 걸어 알아보기도 한다. 이때부터 내 개인적인 시간과 업무시간은 사라지게 된다. 심한 경우에는 반나절을 넘어 온종일 씨름하고 다음 날까지 연장되기도 한다.

좋은 결과가 나오면 당연히 상대가 고마워하고 나도 덩달아 기분이 좋아진다. 반대로 별다른 소득 없이 시간만 허비했다면, 상대와 나는 동시에 답답한 기분을 느낀다. 기분이 좋든 안 좋든 내 귀한 시간은 사라져버린 것이고, 상대방도 정확한 도움을 받지 못한 채로 씁쓸하게 끝난다.

실속 없이 남의 일에 참견하는 내가 한심하게 느껴져 오지랖 넓은 나 자신을 탓할 때도 있지만, 오로지 후회로만 남지는 않는다.

누구든 혼자의 힘만으로 해결 못 하는 일은 많다. 그리고 상대도 쉽게 부탁한 게 아니었을 것이다. 어렵게 부탁한 상대를 위해 함께 고민하고 해결해주고 싶은 마음으로 살아서인지 이제는 익숙해졌다.

나는 실적 계획을 세우고, 실적을 올려야 하는 직업이다. 그러나 모자란 시간으로 인해 그 계획표를 지킬 수 없는 순간에는 고민에 빠진다. 때로는 남의 일에 가만있지 못하는 내 팔자려니 싶지만, 씁쓸한 결과가 나오면 속이 더 상한다. 회사 이름은, 고객들의 사업을 안심하고 경영할 수 있도록 도와준다는 의미에서 안심경영컨설팅인데 이럴 때 어울리는 이름은 '고민해결컨설팅'인 것 같다.

"몰랐네. 그동안 말 안 했잖아!"
"아이고, 그런 이야기를 뭐하려고 해요. 창피하게."

잘 나가는 대표. 아니 잘 나가는 줄만 알았던 작은 회사 대표가 얼마 전에 신용회복이 되었다는 말을 들었다. 어쩌다 대출 이야기가 나왔는데 비싼 이자를 쓴다고 하기에 낮은 이율의 정책자금을 알아보다 알게 된 일이다. 누가 남의 속을 다 알 것인가. 어쨌거나 100개월 가까이 갚았다는 일은 대단하다.

대표에게 내가 알고 있는 모든 정보를 체크해서 전달해주었다. 현재보다 낮은 이자를 활용할 수 있겠다는 생각이 들어서였다. 중소기업진흥공단의 '재도약지원자금'을 알아보라고 했다. 대표는 중소기업진흥공단 사무실을 들러 확인했다.

결과는? 불가능이었다. 신용회복은 되었지만 신용보증재단에서 받은 자금을 상환 중이라서 그 돈을 전부 갚기 전에는 안 된다는 것이었다. 개인적으로 알고 지내는 금융기관의 지인들에게 도움을 줄 방법이 있는지 물어보았다.

잠시 후 신협 지점장으로부터 전화가 왔다. 신용회복이 끝나고 2년이 지나야 대출이 가능하다고 했다.

대표에게 전화해서 알려주었다. 상황을 안내받은 대표는 대수롭지 않게 안 될 줄 알았다고 하며, 신경 써줘서 감사하다는 말까지 덧붙였다. 자기 때문에 몇 시간을 허비했다는 걸 안다면서 감사하고 죄송하단다.

그제야 생각해보니 참 오랜 시간을 매달렸다는 걸 깨닫게 됐다. 출근 전부터 매달려서 점심시간이 지나서까지 전화기를 붙들고 알아보았으니 내 하루의 절반은 소득 없이 날아가 버린 셈이었다.

문득문득 '나서도 되지 않을 일에는 얌전히 있었어야 했는데…….' 하며 잠깐씩 후회가 밀려오기도 한다. 그러나 내가 도와주려는 대표는 열심히 살고 있고, 열정과 계획이 괜찮다고 판단해 나섰는데 무슨 후회가 있으랴. 지난 시간을 돌이켜 보면, 소득 없을 게 뻔한 일에 나서 중재하고 도와준 적이 어디 한두 번이었던가. 이 날처럼 좋은 결과가 나오지 않아 도움을 준 보람도 못 느낀 적이 있지만, 반면에 도움이 되어 보람을 느낀 적도 많았다.

기업과 개인은 갑작스럽게 성장하는 게 아니라, 서서히 성장하게 된다. 그들이 나에게 질문을 하고 도움을 요청한 것을 계기로 함께 고민을 나누었더니, 시간이 흘러 어느새 내 고객이 되었다. 앞날을 내다보며 나에게 더 도움이 되는지 판단부터 하지 않고 마음 가는 대로 함께한 결과다.

내 성격은 고치고 싶은 점이 많다. 반대로 자랑하고 싶은 부분도 많다. 많은 일에 관여하고 도움 주려고 하는 내 성격이 자랑할 만한 일은 아니라고 해도 나 스스로는 대체로 만족하며 살고 있다. 그런 나를 알아주고 고마워하는 사람들이 있기 때문이다.

"모르겠는데요. 없습니다."

그렇다면 이 말을 꼭 해야만 하는 경우가 언제일까? 곰곰이 생각해보았다. 아직은 잘 모르겠다. 설령 내가 절대로 할 수 없는 일이거나 부탁이어도 그 자리에서 즉각적으로 거절할 수 없을지도 모른다.
적어도 나에게 부탁을 한다는 건, 나와 어느 정도 관계가 있거나 나와 관계를 맺을 사이일 것이다. 고민하던 상대는 어렵게 부탁한 일인데 듣자마자 거절해버리면 상처로 남을 게 분명하다. 내가 도와줄 수 없는 일이라 해도 최소한 함께 고민한다는 성의 표시는 해야 하지 않을까 싶다.
내 마음이 이끄는 대로 도움을 주면 되는 일이다. 이런저런 많은 경험으로 무리한 부탁은 들어줄 수 없다는 것쯤은 서로가 안다. 공감을 통해 서로가 동행하고 있다는 표시만으로도 충분한 것은 존재한다.

지금 당장은 모르는 일이어도 상대의 질문과 부탁에 성의 있는 태도를 보이길 바란다.

말더듬이
연도대상

말더듬이
연도
대상

01

평생 사용인

　보험회사에는 대리점과 설계사, 지점장, 총무, 팀장 등 여러 직책과 직급이 있고, 고유의 코드가 있다. 그리고 이 중에 독특한 파트가 있는데, 바로 '사용인'이다. 고능률 설계사나 대리점에서는 업무량이 많아 개인 비서를 채용하고 있고 그 개인 비서를 사용인이라는 이름으로 부른다. 보험 업무가 늘어나게 되면 사용인만큼 가까이에서 나를 도와주는 직원도 없다.

　사용인이라는 말은 참 멋없는 표현이다. 지금도 썩 마음에 들지 않는 호칭이지만, 오랜 시간 동안 고유명사처럼 사용하다 보니 익숙해져 있을 뿐이다.

　책을 써야 한다는 생각에 무엇을 쓸까 고민하면서 예민해졌던 적이 있다. 일은 많고 가야할 곳도 많은데 책까지 내겠다며 큰소리쳤던 때라 머리가 복잡해졌었다.

낮에 사용인으로 있는 직원에게 살짝 언성을 높인 일이 있었다. 10년을 하루같이 업무 보필을 해준 직원의 작은 실수에 그렇게까지 반응할 필요는 없었는데 말이다. 물론, 걱정과는 달리 그 일은 잘 지나갔다. 사용인과 나는 언제 그랬냐며 금세 웃음 짓고 일을 시작했다.

내 일과 삶을 책으로 펴낼 생각을 하고부터는 미래보다 과거를 들춰내는 생각에 골몰했다. 때문에 시간을 그냥 흘려보내지 않았다. 아침 조회시간부터 전날 회식시간 등 모든 장면이 대충 넘어가지지 않고, 하나하나 한 번 더 생각하게 됐다.

지난달 마감을 어떻게 했는지 작년에는 어땠는지 5년 전과 10년 전, 보험을 시작하던 순간이 흐릿하게, 때로는 선명하게 떠올랐다. 출근해서 퇴근할 때까지, 고객을 만나는 순간마다, 운전을 하고 밥을 먹으면서……. 언제고 어디서든 어떤 이야기를 책에 넣을지에 대한 고민은 끝없이 밀려왔다.

그렇게 일과를 끝내고 집에 가면, 먼저 퇴근해 있는 아내가 맞이해준다. 밖에서 저녁을 해결하고 집에 들어가는 편이라 씻은 뒤 함께 텔레비전을 시청하며 시간을 보낸다.

어쩌다 일찍 퇴근하면 아내는 낮에 학교에서 있었던 일로, 나는 나대로 일하며 일어난 이야기 등으로 대화가 이어진다. 우리 부부의 대화는 길지 않은 편이다. 다음 날 각자 출근해야 하고 나는 남아 있는 업무를 보는 편이다.

근래에는 원고작업을 위해 책상에 앉아 있을 때가 많았다. 그날도 나는 내 방으로 들어갔다. 원고를 정리하며 책상 앞에 앉았는데, 아내가 접시에 과일을 가져다주고 나갔다. 문득 방금까지 거실에서 마주한 아내와 말없이 과일을 놓고 나간 아내가 생각났다.

아내와 함께 산 세월이 26년이나 되는데, 문득 생각이 난다는 건 헛웃음이 나오는 일이다. 아내는 내 최고의 후원군이지 않은가. 집 안에서나 집 밖에서나 한결같이 나를 위한 응원을 해주는 사람이다.

보험회사 용어로 빗대어 보자면, 아내는 내 평생 사용인이나 다름없다. 아내가 사용인이라는 표현을 듣고 기분 좋아할 것 같지는 않다. 그러나 보험 일을 하다 보면 사용인 덕분에 모든 일이 수월해진다. 지금 내 삶을 수월하게 해주는 아내가 사용인과 다를 바가 무엇일까.

아내는 지금껏 단 한 번도 나에게 잔소리를 하지 않았다. 내가 잘해서 잔소리를 듣지 않았다면 스스로 기특하다고 여길 일이지만, 좋은 남편이라고 자신 있게 말할 수는 없다. 아내는 넉넉한 마음으로 부족한 나를 받아주었다.

어쩌다 드라마 속 부부를 보면, 나와 아내는 도저히 이해할 수 없는 장면들을 마주하게 된다. 싸울 일도 아닌 것으로 싸우거나, 싸울 수밖에 없는 일을 만드는 게 더 어려운 일 같아 보이기 때문이다. 그만큼 우리는 부부싸움이라는 걸 해본 적이 없다.

나는 아내를 처음 만난 날이 생생하게 떠오른다. 26년 전 내 나이 스물아홉에 중매를 통해 아내를 만났다. 그때 아내와 마주 앉은 다방은 아직도 내 머릿속에 그대로 남아있다. 수정다방의 테이블, 조금 눌려있던 소파와 그곳 특유의 냄새까지 뚜렷하다. 우리는 4개월 뒤에 약혼했고 1년 뒤에는 결혼을 했다. 남들보다는 조금 빠르게 서로를 부부로 맞이했다고 할 수 있다.

결혼을 하고 한참 뒤에 아내에게서 들은 이야기가 있다. 나와 맞선 보는 날 아내는 별다른 기대 없이 나왔다고 했다. 특별한 점이 있다면, 그동안 아내가 선을 봤던 남자들과 내가 색다르게 느껴져 호기심이 생겼다는 것 하나였다.

나는 그날 안절부절못했다. 맞선 자리가 너무 어색하고 민망하게 느껴졌다. 그러나 아내는 나와 반대로 여유가 있었다. 아내는 성격 자체가 여유롭다. 어떻게 보면 무심한 것 같기도 하고, 간단한 일은 건성으로 하는 것처럼 보일 때도 있다. 나는 아내의 그런 부분을 한 번씩 짚어주면서도, 내 말에 아내의 마음이 상하면 어쩌나 걱정도 한다. 그러나 아내는 내 투박한 조언을 명언으로 일소해버린다.

"이래서 내가 당신과 맞춤형 짝이야!"

말도 안 된다며 손사래를 치기도 전에 아내는 보충 설명을 해준다.

"나는 당신이 업무가 많고 바쁜 걸 이해하잖아. 그래서 평일에 늦게 오거나 주말을 함께 못 보내도 잔소리 안 하지. 당신 손재주 없는 거 아니까 집안일 부탁도 안 하지! 당신 이런 말도 기분 좋게 알아듣고 고치려고 하잖아. 이 정도면 맞춤 짝, 맞춤 부부 아니야?"

약간 웃음이 나오기도 했지만 아내의 말이 모두 맞다. 이런 아내를 만나고, 26년을 함께 살았다는 것, 아내가 내 평생 사용인이라는 사실을 너무 늦게 글로 옮기는 게 아닌가 싶기도 하다.

꽤 조용할 것 같은 우리 부부는 소리 없이 시끄러운 부부다. 내가 주관하는 행사가 많고 다양한 모임의 장을 맡다 보니 아내와 부부동반으로 참석해야 하는 일도 있고, 손님들을 집으로 초대하는 경우도 잦다. 사진을 보면 사람들에게 에워싸여 아내와 함께 정장이나 한복을 입고 찍은 장면들이 많다. 작은 모임도 움직이는 게 일인데, 아내는 늘 불평 한마디 없다.

내 아내는 그냥 아내가 아니다. 누나이고 친구며, 상사이자 동료다. 평생 사용인이 되어준 아내에게 새삼 감사하다. 아내의 무심함은 내가 보충해주고 나의 둔한 감정과 손재주는 아내 특유의 예리함이 상쇄시켜 준다. 우리는 서로가 가진 그대로의 모습을 인정해주고, 각자의 영역을 존중해주며 '따로 또 같이' 살아갈 부부다.

↟02

또 한 명의
이운영

이름도 다르고 나이도 다르지만 보험 일에 있어서만큼은 이운영
으로 일하는 친구가 있다. 중소기업 컨설팅 법인으로 중소기업청 상
담회사를 경영하고, 내 일을 자신의 일처럼 해주는 김형수 대표다.

김형수 대표는 전 직장 BYC에서 내가 인사과장으로 있을 때 인
사과 계장으로 함께 일했다. 그곳에서만 10년을 함께 지냈고, 이후
김형수 대표는 외국계 보험사에서 7년 동안 일했다.

김형수 대표는 2012년도 중소기업컨설팅을 주 업무로 하는 국가
공인자격 경영지도사를 취득하면서 나와 뭉쳤다. 그렇게 나와 단순
한 인연이 아닌 각별한 인연이 되었다. 그는 전 직장 같은 부서에서
일하다 사내 결혼을 했는데, 지금은 그의 아내까지 내 일을 함께

도와주고 있다.

꼼꼼하고 성실한 김형수 대표는 나에 대해서 잘 알뿐더러 보험업무까지 잘 파악하고 있어서 나의 완벽한 파트너라고 할 수 있다. 난이도 높은 국가자격증으로 인정받는 경영지도사를 40대 중반에 취득했으니 그의 열정과 집중력도 대단하다.

어렵게 취득한 자격증은 그에게도 큰 도움이 되고 있는데, 어떨 땐 그 자격증의 혜택을 내가 더 보는 게 아닌가 싶을 정도로 도와준다.

나는 새로운 중소기업이나 소상공인 업체를 방문할 때면 항상 김형수 대표와 동행한다. 일단 고객들에게 경영지도사인 김형수 대표를 소개하면 중소기업의 문제점과 상황, 그리고 전반적인 이론과 함께 실질적인 도움을 받는다고 생각해서 인기가 좋다.

김형수 대표와의 동행으로 덩달아 내 인기까지 좋아지는데, 단순한 인기에 그치는 게 아니라 고객들이 나를 더욱 신뢰하게 해주는 결정적 역할까지 해준다. 그래서 고객들에게 전문가를 소개할 때 가장 먼저 소개해주는 사람이 김형수 대표다.

우리는 환상의 찰떡궁합이다. 내가 장기화재보험 실적에서 두각을 나타내는 이유 중 하나도 김형수 대표의 전폭적인 협조 때문이다.

김형수 대표는 2016년 2월부터 한 달에 두 번 전북 지방중소기업청으로 출근한다. 중소기업체의 애로사항과 궁금한 내용에 대해

상담을 해주는 비즈니스 지원단으로 위촉된 후로는 많은 대표들에게 정책에 관련한 정보를 전해주고, 경영상의 애로를 들은 뒤 해결안을 제시하는 역할을 하고 있다.

중소기업에 필요한 정보를 가장 먼저 파악할 수 있는 위치이다 보니 변화되고 정확한 정보도 빨리 알 수 있다. 그런 김형수 대표와 동행해 고객을 만나면 나까지 전문가로 대우받는 기분을 자주 느낀다.

나와 김형수 대표가 처리하는 업무량은 많지만, 서로를 위해주고 의지하고 있기에 잘해낼 수 있었다. 이제는 눈빛만 봐도 마음을 알 수 있을 만큼 서로에 대해 잘 알다 보니 업무 처리도 원활하고 기쁜 마음으로 일하고 있다.

나와 얼굴과 이름만 다를 뿐 '보험 일을 하는 또 한 명의 이운영'이 맞다. 김형수 대표에게 무한한 감사를 드린다.

03

전문가 그룹과
합류

    회사에서 제공해주는 사무실에 입주하게 되면서 옆 사무실이 비어있는 것을 확인했다. 나는 곧바로 후배 박주서 세무사를 옆 사무실에 입주시켰다. 내가 하는 일이 세금과도 밀접한 연관성이 있으니 세무 전문가인 후배를 옆 사무실에 두면 서로 도움을 주고받을 수 있을 거라 생각했다.

    가까운 곳에서 내 업무와 관련된 일에 대해 성심성의껏 도와준 후배 덕분에 세금 문제에 대해 많이 배우고, 습득하게 되었다.

    고객들이 알고 싶어 하는 것들은 보험에만 국한된 것이 아니다. 돈에 관한 모든 것들에 관심을 둔다. 부동산, 법률, 세금, 금리, 투자, 예금, 건축, 자동차 등 종류를 다 헤아릴 수 없을 만큼 다양해서 오히려 한 가지에만 관심을 두는 게 이상해 보일 정도다.

다양한 질문과 해당 문제에 대해 자세히 파헤쳐보면 단순하게 '안다'에서 끝나지 않는다. 전문가 영역까지 가게 되어 있다. 나는 모든 분야의 전문가가 아닌, 보험 전문가일 뿐이다. 고객들의 가려운 부분이 법이나 세금에 대해 문제일 때 제대로 해결안을 제시할 수 없을 때가 있다.

그러나 잘 아는 전문가들이 내 일처럼 나서서 나를 도와준다면 어떻게 될까?

첫째, 쉬워진다. 둘째, 고객에게 신뢰를 받는다.

더 나아가 나 역시 전문가로 대우받을 수 있다. 고객에게 신뢰를 받는다는 건 최고의 경쟁력을 갖춘 것이다. 전문가들과 교류하면서 그들의 지식을 얻게 된다면, 일차적인 문제 해결에 많은 도움을 얻게 된다.

예컨대 민사소송 관련으로 더욱 구체적인 내용 상담이 필요할 때는 변호사를 연결해주면 되고, 부동산에 관해 물어보면 공인중개사를 연결해주면 된다. 전문가에게 답을 얻은 고객은 나를 그들과 같은 전문가라고 여기게 된다.

고객에게 전문가가 필요한 순간이 오듯, 전문가들 또한 고객이 필요할 때가 있다. 전문가들도 각자의 사업체가 있어 매출을 올려야만 한다. 직장을 다니는 전문가라고 하더라도 실적이 있어야 하지 않겠는가. 그럴 때 나는 전문가들에게 그 분야의 정보가 필요한 고객을 소개해 준다. 이 방법은 서로에게 도움이 되는 윈윈(win-win) 전략이다.

단, 중요한 조건이 있다. 고객에게 전문가들을 소개하면서 비용이 발생하는 경우다. 과다한 수수료를 내야한다면 어차피 나를 통하지 않아도 자기에게 필요한 전문가를 만날 수 있다. 내가 추천을 했을 때 고객들에게도 혜택이 있어야 한다.

나는 가장 나은 방법으로 비용을 조정해주는 방법을 택했다. 관계를 연결해주는 대신 금액에 대한 부분을 전문가들과 확실하게 짚고 넘어가야 했다.

나는 내 소개로 연결되는 고객들에게 비용을 청구할 때마다 요구하는 조항이 있다.

'최소한 같거나 최대한 저렴하게'

고객이 느끼기에 적어도 '다른 곳보다 비싸다'라는 생각은 들지 않아야 한다. 이렇게 연결이 됐을 때 내 고객들은 전문가들과의 업무진행 비용에 대해서 만족하게 된다.

시간이 지나면서 전문가들이 나를 찾는 반대의 상황도 온다. 내가 관리하는 고객들이 많으니 일거리라도 소개해 줄 거라는 생각에서다. 해가 지나면서 자연스럽게 내 주변에 전문가가 많아졌고, 내 고객들은 적시에 전문가의 도움을 받을 수 있는 구조가 정착할 수 있게 되었다.

나는 나를 찾는 전문가 그룹이 '최소한 같거나 최대한 저렴하게'라는 조건을 받아들이면, 고객을 소개해준다. 그리고 성립된 계약을 내 일이라고 생각하고 일의 진행 사항을 확인한다. 전문가 그룹이 최선의 성의를 다하도록 옆에서 돕는 것이다.

전문가들도 세일즈다. 변호사도 의뢰가 많이 들어와야 하고 세무회계사도 거래처가 많아야 한다. 부동산도, 건축사도, 경영지도사도 모두 영업을 해야 하는 존재다. 내 고객들도 그들의 고객이 되는 일인데 서로가 좋은 일이 아니겠는가. 단 한 번도 나에게 고마움을 표시하지 않은 고객이나 전문가는 없었다.

아무리 내가 전문가 그룹을 많이 알고 있다 해도, 나에 대한 신뢰가 없다면 나에게 먼저 물어오는 일은 없다. 나를 찾아오는 이유는 생각보다 간단하다. 내 일처럼 처리해주기 때문이다.

만약 교통사고가 난 고객이 있으면 병원과 자동차 공업사에 전화해서 빠른 조치를 취하고 고객들의 불편함을 최소화하는 데 앞장선다. 이 일은 시간을 많이 필요로 하지 않는다. 문의가 오면 그 즉시 전화로도 할 수 있는 조치다. 같은 일을 17년째 하다 보니 익숙한 일이 됐다. 이런 덕분인지 고객들은 애로사항이 생기면 제일 먼저 나를 찾는다.

우리는 매일매일 적금을 붓고 있다. 그건 바로 '경험하는 시간'이다. 매일 고객들을 만나 상담하고 그들의 애로를 듣고 해결해주는 일을 반복하면서 경험이 적금처럼 쌓였다. 1년 전에도 2년 전에도 지금과 같은 일을 했다. 과거처럼 지금도 열심히 일하고 성심성의껏 마음을 다하면, '적금 만기'처럼 고객들이 먼저 나를 찾아오게 되어있다.

고객과 전문가라는 둘 사이를 연결해주는 일에 관심을 둬야 한다. 관심이 없으면 스쳐 지나가고, 스쳐 지나가면 모두에게 도움 줄 기회를 놓치게 된다.

04

병원과 공업사는
내 친구

자동차보험으로 월 5천만 원 이상씩 올리려면 월 100대 정도의 실적을 올려야 한다. 연간 기준으로 1천 대 넘게 받는다는 말인데, 많은 고객이 있다 보니 다양한 접촉사고를 포함한 교통사고를 해결해야 할 때가 있다.

나는 크고 작은 사고로 고객에게 연락을 받고 처리하다 보니, 병원과 공업사와 밀접한 관계일 수밖에 없다.

자동차보험을 17년째 하고 있으니 얼마나 많은 고객의 차가 공업사를 거쳐 갔겠는가. 병원도 마찬가지다. 교통사고뿐 아니라 모든 질병과 사고로 치료든 입원이든 많을 수밖에 없다.

"이운영 대표님을 어떻게 아세요?

"네, 제 보험 관리하는 분인데요."

"아, 네. 이운영 대표님께 세 번이나 전화가 왔는데요. 고객님 차량을 각별하게 신경 쓰라고 신신당부를 해서 저희가 부담이 될 정도였습니다. 그래서 더 특별하게 신경 써서 수리를 잘하겠다고 했습니다."

고객의 차량이 고장이나 사고로 공업사에 갈 일이 생길 때 공업사 대표와 고객이 나누는 대화다. 이때부터 나에게 실시간으로 문자가 날아온다.

"대표님! 고객님과 통화하고 차량을 가지러 갑니다."

"대표님! 현재 고객님 차량을 인도받고 공업사로 가는 중입니다."

"대표님! 차량 수리 후 세차해서 고객님에게 갖다 드리러 가는 중입니다."

"대표님! 차량 수리 후 고객님께 잘 전해 드리고 돌아가는 중입니다."

공업사 대표는 상황이 바뀔 때마다 문자로 연락을 준다. 고객을 만나러 가거나 차량을 인도받을 때, 그리고 다시 고객에게 갖다 준다는 말과 잘 전해주고 복귀한다는 문자까지 네 번의 문자가 온다. 이게 끝이 아니다. 나에게 문자로 알리지 않는 사실이 하나 더 있다.

"그래도 사람이 하는 일이니까 문제가 발생할 수 있습니다. 만약에 운행하시다가 수리한 부분에 문제가 생기면 이 명함에 있는 제 연락처로 전화해 주시면 감사하겠습니다. 이운영 대표님한테는 절대로 연락하지 마시고요, 꼭 부탁드립니다."

고객에게 수리한 차량을 전달해주면서 고객에게 신신당부하는 말이다. 나는 이 말을 고객으로부터 들었다. 고객의 기분은 어땠을까? 부담도 됐었겠지만 특별한 대우를 받고 있다는 기분이 들었을 것이다. 이렇게 과잉친절처럼 보이는 공업사의 대표와 직원의 멘트는 그냥 나오는 게 아니다.

나는 고객에게 자동차 사고가 일어나면, 먼저 고객이 아는 공업사가 있는지 묻는다. 만약 있다면 그곳에 맡기고, 없다면 평소 고객에게 친절한 전주의 한국자동차공업사를 소개해준다. 공업사는 고객을 소개해줘서 고마워하고 고객은 전문가의 친절한 서비스에 고마워하게 된다. 우리는 이렇게 서로 동행하면서 고객에게 더 큰 감동과 만족을 주고 있다.

실제로 수리 후 도색이나 잡음이 생기는 경우에도 고객은 나에게 연락하지 않는다. 차량을 반납받을 때 친절했던 공업사 대표나 직원에게 직접 연락을 한다. 공업사는 렌트카까지 제공한 뒤 차량을 가져가 재 수리를 한다. 차량 재 입고 후 고객에게 차량을 전달할 때 세차 서비스까지 해주는 수고는 물론이다. 지면을 빌려 특별하게 신경 써주고 내 고객들에게 감동을 주는 한국자동차공업사의 문대성, 김대열 대표에게 진심으로 감사를 표하고 싶다.

나에게 문자 보내주는 정성과 지나칠 만큼의 친절은 고객들에게 감동을 준다. 친절한 서비스는 내가 걱정하지 않아도 될 정도로 믿음이 간다. 내가 고객에게 한두 번 상황 설명을 하는 것과는 대조적이다.

"치료받는 데 소홀함이 없도록 각별히 신경 써달라는 이운영 대표님 부탁이 있었습니다. 편안하게 치료받으시고 빠른 쾌차 바랍니다."

병원의 원장이나 실장이 내 고객과 나누는 대화다.

환자가 된 고객과 가족들은 병원 관계자의 말에 마음 놓여 하면서 나를 더 크게 신뢰한다. 나는 고객이 입원하는 경우, 거의 문병을 가는데 그때 고객들이 받는 감동은 생각보다 크다. 고객들은 연신 고마워한다.

공업사와 병원 관계자는 평소에도 친하게 지내는 게 좋다. 이용해야 할 상황이 되었을 때 내 분신이 되어 나보다 더 전문적으로 안내하고 처리해준다.

세상 모든 사람과 친하게 지내면 좋겠지만 우리는 모두 바쁘다. 그렇지만 오직 고객을 우선순위로 생각하는 마음으로 친하게 지내는 순서를 정한다고 생각하면 어떨까.

우리가 고객을 만날 때 가장 많이 말하는 것은 미래의 불안을 미리 준비한다는 말이다. 우리는 고객이 병원과 공업사를 평생 이용할 일이 없기를 바라지만, 그건 말이 안 될 정도로 빈번한 일이다. 그래서 만일의 위험 상황에 준비하는 마음으로 그들과 친분을 가지라고 당부하는 것이다.

내 사례처럼 그들은 또 하나의 내가 되고, 나보다 실력 있는 내가 되는 사람들이다. 고객에게 나를 높게 평가받도록 확실하게 도움 주는 사람들임에는 틀림이 없다. 고객을 사이에 두고 병원과 공업사 관계자들과 더 친한 사이가 되어보길 바란다.

빵차월
설계사

보험회사에 신입사원이 입사하면 교육을 마친 후 수료식이 있다. 수료식 중에는 선배들이 후배들에게 조언을 해주는 시간이 있어, 나도 식장으로 가서 신입사원들도 만나고 동료들과 함께하면 좋겠지만 행사조차 참석할 수 없이 바쁠 때가 많다. 일정을 마치고 부랴부랴 식사 자리로 가면 행사를 끝내고 온 사람들이 기다리고 있는데 그곳에서 나를 단번에 알아보는 사람은 동료 몇몇뿐이다. 이제 막 입사한 사람들과는 서먹한 눈인사만 할 정도의 자리다.

이제 막 일을 시작하려는 신입 보험설계사들에게 선배는 대단한 존재다. 먼저 일한 사람으로서 그것도 한 회사에 다닌 지 200개월을 앞둔 선배라고 하면 무슨 말을 해도 진지하게 받아들인다.

일찍 도착하려고 서둘렀지만 그날도 뒤늦게 도착했다. 구석 자리에 앉자마자 옆자리 교육생이 물었다.

"처음 뵙네요. 전 이제 1차 월인데, 몇 차 월이세요?"

이제 막 1차 월로 교육받는 교육생이 나한테 몇 차 월이냐고 물었다. 나는 순간 장난기가 발동했다.

"네? 선배님이시네요. 저는 빵 차 월인데요."

상대방은 고개를 갸우뚱거렸다.

"네? 빵 차 월도 있어요?"

나에게 되물었다. 당연히 빵 차 월 같은 건 없다.

"아, 저는 준비 중인 사람이에요."

다시 대답했다. 그러자 상대는 본인이 선배라고 생각하며 이것저것 알려주려고 하는 게 아닌가. 그 순간 다른 지점장이 다가왔다.

"전주사업부 192차 월인 이운영 대표예요."

내가 보험 일을 준비한다고만 생각했던 교육생이 화들짝 놀랐다. 200차 월을 눈앞에 둔 사람을 몰라보고 선배인 척하려고 했으니 당연했다. 상대를 놀리고 싶은 마음은 없었지만, 아무튼 분위기는 묘하게 흘러갔다.

1차 월. 시작이라는 기쁨과 두려움이 뒤섞여 있는 시기다. 설렘만으로 보험설계사라는 일을 시작하기에는 버거울 수 있다. 누군가에게 부탁해야 하고, 누군가에게는 싫은 소리를 들을 수도 있다. 그때 가장 당황스러운 건 본인이다. 한 번도 경험하지 않았던 불편함을 겪을 수 있고, 예상했다고 해도 생각보다 더 큰 상처를 입기도 한다.

나 또한 처음 겪었던 실패와 거절이 아직도 생각난다. 상처로 기억하지는 않지만, 상처가 있던 시기인 건 분명했다. 이제 나에게는 아문 상처지만, 다른 사람에게는 없거나 이겨낼 수 있는 시련이길 바란다.

2016년 1월에 200차 월 마감을 했다. 보험회사에서는 100차 월, 200차 월 마감을 하면 기념패를 준다. 축하하는 의미도 있겠지만 그만큼 힘든 시간을 잘 버텨냈다는 격려의 의미도 있을 것이다.

되돌아보면 5년만 보험 일을 해야겠다며 현대해상에 입사했는데, 벌써 200차 월 마감을 넘기고 300차 월까지 생각한다는 게 신기할 뿐이다. 가끔 후배 설계사들이 찾아와 어떻게 하면 꾸준히 잘할 수 있냐고 물어본다. 그럴 때마다 내 대답은 똑같다.

"나도 힘들었다. 그리고 지금도 여전히 힘들다."

우리는 50만 원이든 500만 원이든, 소액이든 고액이든 일정한 목표를 향해서 간다. 많이 하는 사람은 많이 하는 대로, 적게 하는 사람은 적게 하는 대로 힘들다. 어차피 쉬운 일이라는 건 없다. 쉽다면 얼마나 재미가 없을까? 이럴 땐 '남들도 똑같이 힘들지만 왜 나와 다를까?'라는 생각을 먼저 앞세워야 한다. 그래야만 나를 다시 되짚을 수 있게 된다.

지난날 1차 월 하기 직전의 0차 월 때를 더듬어 보았다. 192차 월이 지나 지금의 200차 월을 넘기면서 지금의 나는 얼마나 설레며 일하고 있는지를 반문해본다. 시작하기 전, 아무것도 몰랐던 0차 월 시절. 그때의 설렘과 도전 정신은 희미해진 게 사실이다. 관록과 여유를 부릴 때라며 게으름을 피우는 것은 아닌지 반성하게 된다.

17년 전, 0으로 시작했던 때를 잊지 않아야 한다고 다시금 다짐해본다. 한 자릿수의 숫자를 보면 언제쯤 숫자가 쌓일까 싶어 까마득하게 느낄 테지만 그 까마득함을 딛고 도전해나갈 1차 월들에게 격려의 박수를 보내고 싶다.

06

거절

이전에 함께 일했던 동료의 연락을 받았다. 함께 점심을 먹고 편하게 안부를 묻던 와중 그가 대뜸 나에게 스카우트 제의를 하는 것이었다.

그의 제의에 나는 이렇게 대답했다.

"미안한데요. 저는 조금 먹고 조금 싸겠습니다."

그러나 동료는 한 번에 물러서지 않았다. 본인 회사에서 일한다면 지금보다 훨씬 더 많은 수수료를 받는다고 설명했다. 당황스러운 마음은 있었지만, 이런 제의를 몇 번 받았던 적이 있어 단호하게 거절하는 대답을 한 것이다. 정확하게 답변하지 않고 두루뭉술하게, 생각해보겠다는 여지를 보이면 서로에게 시간 낭비가 될 뿐이다.

오랫동안 보험 일을 했고 사는 곳이 좁은 지역이다 보니 나의 실적과 장기근속이 소문났다. 때론 더 크게 과장돼, 좋은 사업이 있으니까 같이 해보자는 제안이나 사업체 임원을 제의받기도 하고 세무사, 변호사, 공인노무사, 손해사정사 등의 전문직종 사무장으로 명함을 만들어준다는 제의도 받았다.

특히 자주 제안받는 일은 금융 관련 업종과 보험법인이다. 우리가 하는 일은 특정 회사 소속이라고 해서 계약이 더 받아지거나 덜 받아지는 게 아니다. 어느 회사로 소속을 옮긴다 해도 기본적으로 담당 설계사를 따라가는 경우가 많다. 회사를 보고 가입했다기보다는 담당 설계사를 믿고 가입한 고객이 더 많기 때문이다. 내가 회사를 옮겨도 고객들은 나에게 계약을 맡길 것이라는 계산에서 제안이 자주 들어오는 것이다.

보험회사 대부분은 대기업이다. 어느 고객이든 회사의 이름과 회사의 규모를 우선순위로 생각하지 않는다. 실제로 내 고객 중에는 내가 어느 회사에 다니는지 모르는 경우도 있다. 특히 이리저리 인맥으로 가입한 고객들은 더더욱 자신의 보험 상품이 어느 회사의 것인지 명확하게 알지 못한다.

고객이 설계사를 믿는다고 해도, 웬만한 보험이 장기계약이기 때문에 쉽게 해약하고 다시 가입하지는 않는다. 고객 100%를 이전하는 회사로 데리고 올 수 없다는 걸 스카우트를 제안하는 사람도 알고 있다.

다른 직종에서도 스카우트는 분명 있을 수 있는 일이고, 나쁜 일도 아니다. 나는 그가 한 제안 자체를 비난하는 것이 아니다. 그저 그들의 공통적인 제안이 마음에 걸릴 뿐이다.

"지금 받는 수입보다 훨씬 많이 받을 수 있어!"
"지금보다 덜 일 해도 충분히 높은 소득을 올릴 수 있어!"
"우리 일은 보험과 달라서 너무 편하고 좋아!"

무엇하나 마음에 드는 말이 없다. 나도 물론 더 인정받을 수 있고 수입이 높고 편한 곳이 좋다. 그런데 오늘의 내가 여기까지 어떻게 왔는지를 안다면 나한테 절대로 스카우트 제의는 하지 않을 것이다. 17년 동안 근무한 것도 기적이지만, 열 번이나 연도대상을 받은 것은 또 어떤가. 게다가 고객들의 평가로만 상을 주는 연도대상 CS 부문 대상을 받지 않았는가.

나를 좋은 곳에 소개해주려는 마음과 돈을 많이 벌게 해주고 싶어 하는 진심은 고맙다. 하지만 나는 현재 이 자리에 만족하고 있다.

스카우트 제의를 받던 초반에는 높은 수입과 쉬운 방향을 듣고 '정말?'이라는 의문도 품었었다. 그러나 결국엔 쉬운 일은 없다고 결론지었다. 무엇보다 열 번의 연도대상을 받게 해준 고객들이 있는 곳, 한 곳에서 꾸준히 일했다는 만족감은 다른 어떤 곳과도 비교할 수 없다.

나는 오래전부터 여러 모임에서 임원직을 맡았다. 그러한 일을 맡게 되면 대개 주변에 사람들이 많을 수밖에 없다. 대부분이 기업을 운영하는 사람들이 많아 자연스럽게 안심경영컨설팅 대표 명함을 건넸다. 물론 현대해상 안심경영컨설팅 대리점이 공식 명칭이지만, 사람들은 명함 속 회사이름만 보고 보험회사와 관련 없는 컨설팅 회사인 줄 안다.

나와 한두 번 마주친 사람들은 내가 보험설계사라는 걸 잘 모르고 기업 경영과 관련된 일만 할 거라 예상한다. 그 사람들도 나에게 제안을 하는 건 마찬가지다. 내 주 업무는 대부분 보험과 관련된 일이지만, 기업과 관련된 업무도 많다. 그런 곳에서 들어오는 제안은 보험과 전혀 상관없는 일이다. 게다가 주변에 아는 지인이 많으니 투자를 요청하는 경우도 있다.

보험사의 스카우트 형태와는 약간 다르지만 대부분이 조금 더 큰 수익을 위한 요청과 제안이었다. 그러나 내 대답은 앞서 말한 것과 똑같다.

"조금 먹고 조금 싸겠습니다."

딱 한마디로 거절하기에 적당해서 계속 사용하는 말이다. 더 이상 어떤 말을 더 보태지 않아도 충분하다.

충분하게 만족하는 삶인데도 내가 더 욕심내기를 바라는 이들이 많다. 다른 사람들도 나처럼 제안을 거절해야 한다고 정답처럼 말할 수는 없지만, 적어도 내 자리를 사랑하는 사람이길 바란다. 특히 나와 같은 보험설계사들은 자신이 서 있는 자리를 아낄 때, 고객을 도울 수 있다.

때에 따라서 "이거 해보자, 저거 해보자!" "왜 이렇게 힘들게 사냐!"라고 하는 그들과는 앞길을 내다보는 대화가 있을 리 없다. 그렇게 말하는 그들과 빨리 헤어지길 바랄 뿐이다.

직장은 단 하나가 아니다. 나의 잠재된 가능성과 관심에 따라 충분히 바뀔 수 있다. 단 누군가 제안한 일이라면, 상대의 제안을 깊게 생각해보고, 본인이 원했던 자리인지 확인을 해보자. 그리고 가장 중요한 한 가지! 정말 그 자리를 사랑할 수 있는지 생각해보길 바란다.

말더듬이
연도대상

고객
관리

03

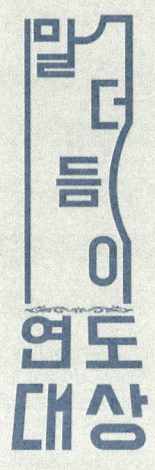

말더듬이
연도
대상

첫 만남의
소중함

[사람의 향기가 그립습니다]

주향백리 酒香百里
화향천리 花香千里
인향만리 人香萬里
라는 말이 있습니다.

좋은 술의 향기는 백 리를 가고,
향기로운 꽃내음은 천 리를 가고,
인품이 훌륭한 사람의 향기는

만 리를 간다는 말입니다.

어제 만나 뵙게 되어
반가웠습니다.
멋지게 살아가는
좋은 인연이 되도록 하겠습니다.

나는 새롭게 만난 사람들에게 다음 날 이 문자로 인사를 건넨다. 답장이 없는 경우도 있지만 대부분은 답장을 보내온다. 그러면 그분들에게는 한 번 더 인사를 한다. 반응에 따라 오직 상대방만을 위한 문자도 이어서 전달한다.

감수성이 특별한 고객들은 긴 답장을 보내며 첫 만남에 대한 소감과 앞으로의 기대까지 내비친다. 상대방과 내가 두 번째 만났을 때, 이 문자 하나를 주고받았다는 것만으로 깊은 친밀감을 느낄 수 있다.

나는 문자에도 드러냈듯이 '멋지게 살아가는 좋은 인연이 되도록 하겠다'고 한 말을 책임지려고 늘 노력했다. 문장을 보고 예의상 보내는 문자라고 생각할 수도 있겠지만, 형식적이고 무의미하게 보내는 문자가 아니다. 나의 진심을 담아 첫 만남에 대한 감사를 표한 것이다.

문자를 주고받은 이들 중에는 만난 지 몇 주 만에, 빠른 경우는 며칠 만에 보험 가입을 하는 경우도 있다. 그리고 고객 중에는 가입

직후부터 지인을 소개해주는 고객들도 있다. 물론, 저 문자 때문만은 아니었을 것이다. 그러나 내가 첫 만남만으로도 상대를 소중히여긴다는 마음을 대신 전해주는 문자 덕도 있을 거라 생각한다.

상대에게 먼저 연락을 하고, 내 마음을 내비치는 건 영업을 하는 누구라도 가장 먼저 생각해볼 일이다. 모든 것은 우연이다. 그 우연한 기회에 처음 만난 상대방이 협력자가 된다고 확신해보자. 그렇다면 다음 일은 자연스럽게 따라온다.

물론 문자를 보낼 때마다 그들이 무조건 내 협력자나 고객이 될거라고 생각하지는 않지만, 새로운 기대가 생기고 특별한 인연이라여겨지기 마련이다.

지금껏 많은 고객과 계약을 하면서 오로지 아는 사람들과만 계약하고 고객으로 만들었겠는가. 절대 아니다. 끊임없이 생기는 새로운 고객들이 있었기에 가능한 일이었다.

사람과의 관계에서 남 앞에 나서서 말하기보다는 주로 경청했고, 말보다는 글, 짧은 문자로 마음을 대신했다. 그리고 작은 관심과배려로 감동을 주었고, 신뢰를 주기 위해 겸손했다. 그리고 내 욕심을 차리기보다는 나누기를 희망했다.

내가 살아오며 중요하다고 생각하는 단어는 경청, 관심, 배려, 감동, 신뢰, 겸손, 나눔이다. 이 단어의 깊은 의미가 내 몸에 습관처럼 밸 수 있도록 항상 노력하면, 그들에게도 나의 진심이 전달된다고 믿었다.

처음 만나는 상대방에게 전화든 문자든 24시간 이내에 연락을 취해보도록 연습해보자. 그들이 나의 예비 고객이라고 생각해야 한다. 그러나 그들의 일상을 방해하지는 말아야 하고, 어떤 구체적인 답변을 얻기 위한 문자는 금해야 한다.

오로지 '진심의 전달'에만 집중해야 하는 이유는, 그들이 아직 내 고객은 아니라는 걸 염두에 두어야 한다는 것이다. 고객이 아닌 타인에게 일괄적인 내용이 가는 것. 그리고 그들이 원하지 않는 문자는 스팸 문자와 다를 게 없다.

주변에서 설계사가 끊임없이 보내는 문자에 짜증 섞인 말을 하는 경우도 봤다. 그 설계사의 잘못이라고 확신할 수는 없다. 그러나 설계사가 실수를 범한 건 사실이다. 타인이 정말 내 고객이 될 준비가 되어있는지를 우선적으로 확인해야 하는데, 그것을 건너뛴 것이다.

그리고 상대방이 나를 잊었을 즈음에 보내는 문자도 옳지 않다. 설계사가 누구였는지 이미 잊은 상태에는 더더욱 스팸 문자로 인식하는 경우가 생기기 때문이다. 그래서 앞서 말했듯 24시간 안에 보내라고 한 것이다. 설계사가 누구인지 인지하고 있을 때, 고객 휴대전화기에 이름이라도 저장될 수 있도록 말이다.

스물네 시간 안에 타인을 고객으로 이끄는 진심 어린 문자. 그 짧은 글로 인해 타인이 나의 고객이 되고, 협력자가 되는 새로운 인연이 시작되는 것이다.

나를 통해 현대해상 상품에 가입한 고객은 1,800명이다. 나는 아직도 매월 100대 이상의 자동차보험 계약을 하고 있다. 저렴한 보험료를 내세우는 수많은 다이렉트보험사들의 자동차보험 안내 문자에 내 고객들은 크게 동요하지 않는 편이다.

'고객들은 이렇게 변치 않는 큰 사랑을 왜 주는 것일까?'
'고객들의 큰 사랑에 어떻게 보답을 해야 할까?'

나 스스로를 향한 끊임없는 질문의 답은 하나다.

'내가 정도 영업을 지켰고, 성실한 모습을 보여준 게 이유가 아닐까.'

이런 확신은 내 의지를 계속 단단하게 만들어준다.

나는 새로운 고객을 만나면 다음 날 반드시 문자를 보낸다. 계약이 체결된 100일 후에 다시 문자를 보내고, 1년이 지났을 때 한 번 더, 2년 차 때 또다시 문자를 보낸다. 가끔 통화하며 안부를 묻는 일도 잊지 않는다.

작은 일에도 고객이 감동한다는 사실은 직접 해보지 않으면 모른다. 남들은 얼마나 좋은 선물을 주기에 고객이 유지 되느냐고 묻기도 한다. 하지만 나는 많은 돈을 들이지 않았고, 고객을 생각하는 시간을 늘렸다.

다시금 연락하는 건, 그저 형식적인 안부가 아니다. 보험은 가입하고 난 뒤에 보장내용을 깜빡하기 일쑤다. 어떤 보장이 있었는지, 특약사항과 갱신 기간들을 일일이 기억하기란 어렵다. 나는 고객이 잊고 있던 정보들을 전달하며 진심으로 안부를 묻곤 한다. 가입된 보험을 확인하고, 새로운 마음이 들도록 환기해주는 일이다.

나는 무조건 고객의 편에서 모든 고객에게 감사를 전한다. 하지만 나도 사람인지라 모든 고객에게 지극정성의 마음을 들이는 게 쉽지만은 않다. 그러다 보면 누군가는 나에게 서운한 마음이 들었을지도 모른다고 생각한다. 모든 일이 마음 먹은 대로 흘러가는 건 아니니 말이다.

우리가 하는 일은 끊임없이 새로운 계약을 성사시키는 일이 전부라고 해도 틀린 말이 아니다. 기존 고객이 아무리 많다고 해도 새로운 계약이 없으면 수입은 떨어지기 마련이다. 그럼에도 중요한 것은 기존 고객과 좋은 관계를 유지하는 것이다.

기존 고객과의 신뢰가 쌓이는 일이 중요하다고 늘 말한다. 그 생각 덕분에 고객이 다른 고객을 소개해주는 일도 있기도 하다. 나는 소개받는 것만을 목적으로 고객들을 만나지 않았다. 이미 고객이 되었다는 자체만으로 고맙고 좋기만 하다. 그러다 보니 순수하게 좋아하는 내 마음을 고객들도 알아주고 있다.

02

아침 25분의

기적

  나는 매일 아침 5시 30분에 기상해 6시부터 25개의 밴드와 400여 명의 고객에게 카카오톡으로 아침 편지를 보낸다. 아침 편지를 보내는 데 걸리는 시간은 대략 25분 정도다. 나름 요령이 생기고부터 시간이 줄어들었다.

  아침 편지를 아무에게나 보내는 것은 아니다. 첫 만남에 아침마다 글을 보내도 되겠냐고 묻고, 동의를 구한 후에 보낸다. 카카오톡과 밴드를 통해서 내 아침 편지를 보는 사람은 천 명이 넘는다. 날마다 천 명 이상에게 아침 편지를 보내는 게 쉬운 일은 아니지만 나는 아침 편지를 5년째 보내고 있다. 헤아려보니 상당한 시간이다.

  내 편지를 받는 고객 중에는 자신의 지인들에게 복사해서 전달하기도 한다.

　굳이 아침에 보내는 이유는 따로 있는 게 아니다. 하루를 마무리하는 시간은 다르지만 하루의 시작은 대부분 비슷하다. 직장을 다니든, 사업을 하든, 아이를 깨워 학교에 보내든, 밥을 차리든 말이다. 그리고 점심이나 저녁이라는 시간은 이미 내가 시작하고 계획한 하루가 흘러간 때다. 누군가가 계획한 하루가 흘러가기 전 이른 시각에 내 메시지를 본다면 거부감 없이 마음 편하게 볼 수 있지 않을까 싶었다.

　간혹 아침 편지를 보내는 중에 답장이 올 때가 있다. 그러나 나는 바로 답장해주지 못 하고 아침 편지를 모두 보내고 나서야 답장을 한다. 처음 아침 문자를 보냈을 때는 답문 하나하나에 감사하다는 문자를 보냈다. 하지만 이렇게 바로 응대했다가는 문자 보내는 시간이 너무 길어져서 많은 시간을 투자해야 하는 일이 생긴다. 고객의 시간이 중요하듯 내 시간도 소중하다. 그 시간은 곧 더 많은 고객에게 관심을 가질 수 있는 시간이기 때문이다.

　간혹 답장 못 해줘서 미안하다는 말을 듣는데 천만의 말씀이다. 솔직히 말하자면 답장 안 보내주는 분들이 고마울 정도로 아침마다 정신이 없다.

　"매일매일 다른 글을 어떻게 준비해서 보내세요?"

간혹 이렇게 묻는 고객들도 있다. 쉽지는 않지만 어려운 일도 아니다. 인터넷과 책을 통해, 아침 조회 중에 좋은 글을 발견하면 휴대전화기에 저장해둔다. 그리고 다시 읽어 보고 정리해서 메모장에 보관했다가 문자로 보내는 것이다.

내가 매일 첫 번째로 아침 편지를 보내는 고객은 올해로 팔순이 되시는 아버지다. 따로 지내는 부모님께 아침 문안 인사로 아침 편지를 보내는 것인데 여간 좋아하시는 게 아니다.
언젠가 한 번은 늦은 귀가로 늦잠을 자느라 아침 편지를 평소 시각에 보내지 못했다. 일곱 시가 넘었을 때 아버지로부터 전화가 왔다.

"아직 문자가 없어서 전화했다. 혹시 무슨 일이 있나 해서…….
별일 없지?"

잠결이라 "네네" 하며 전화를 끊었다. 잠이 완전히 깬 뒤 모두에게 아침 편지를 보내고 나서 아버지로부터 받은 전화가 생각났다. 뭉클하고 죄송하기도 해서 다시 전화를 드렸다. 아침마다 공통으로 보내는 편지에도 부모님은 효도라 생각하시는지, 좋아하시고 안심하신다.
처음부터 아버지께 아침 편지를 보낸 건 아니었다. 어느 날 아버지께서 먼저 아침 편지를 보내달라고 말씀하셨다.

"친척들이 너한테 아침마다 좋은 글을 받는다고 너무 좋아하는
데, 나도 좀 보내주면 안 되겠냐?"

나로부터 아침 편지를 잘 받고 있다는 말을 몇몇 친척분들에게
들으셨나 보다. 아버지 휴대전화기는 스마트폰이 아닌 2G폰이라서
카카오톡이 되지 않았다. 문자로라도 보냈어야 했나 하는 죄송한
마음이 들면서도 아버지 휴대전화기가 스마트폰이 아니라 그랬다
며 변명 아닌 변명을 했다.

"그럼 나도 스마트폰으로 바꿀 테니 그 좋다는 글 보내주면 좋
겠다."

연로하신 부모님이 쓰시기에는 불편할까 봐 스마트폰으로 바꿔
드리지 않았다는 생각은 그저 내 성급한 결론일 뿐이었다. 나는 아
침 편지를 보내드리기 위해 아버지 휴대전화기를 바꿔드렸다. 어머
니까지 바꿔드리고 싶었지만 어머니는 괜히 비싼 요금 낼 필요 없다
며 그대로 쓰시겠다고 하셨다. 그렇지만 아침마다 보내주는 글은
아버지의 휴대전화기로 함께 읽을 거라고 말씀하셨다.

그렇게 휴대전화기도 바꿔드리고 부모님께 아침 글을 보낸 지 벌
써 3년이 지났다. 나와 아내, 아들은 진작 스마트폰으로 바꿔놓고
선 부모님은 불편하실 거라는 이유로 휴대전화기 한 번 바꿔드릴
생각을 못 했는데, 늦게나마 효도한 기분이 든다.

효도 역시 별거 아니지 않은가. 내가 부모님의 휴대전화기를 바꿔드리고 아침마다 편지를 보낸다는 이야기를 들려주면, 주변 지인들은 괜찮은 방법이라며 실제로 메시지를 통해 문안 인사를 자주 드린다고 했다. 그런 이야기를 들을 때마다 기분이 좋을 수밖에 없다. 내 이야기로 작게라도 효도하는 자녀들이 늘어나고 그 부모님의 흐뭇한 표정까지 보이니 얼마나 기쁜 일인가.

이렇게 부모님을 안심시키고 효도하는 마음마저 갖게 한 아침 편지는 내게 기적이나 다름없다. 아침마다 고맙다고 답장이 오는 고객들, 그리고 그들이 다시 지인들에게 복사하고 전달해서 좋은 아침을 맞이하게 되는 귀한 25분이다.

시간이 지나고 아침 편지에 익숙해진 고객들은 자연스레 자동차 만기를 알려오고 장기보험을 문의한다. 25분의 투자로 원래 취지와는 상관없이 실적이 생긴 것이다. 내가 보낸 문자를 복사해서 전달하는 영업인들도 좋은 효과를 보았다며 전화가 온다.

좋은 글이나 아름다운 풍경, 유익한 정보들을 고객들에게 정기적으로 보내기를 권유한다. 매일 보내는 것이 어렵다면 매월 첫날 8시나 매주 월요일 8시 이전으로 정하는 게 효과적이라고 말하고 싶다. 물론 시간은 스스로 정하면 되는 일이다.

어느 순간부터는 고객에게 도움을 주는 정보와 좋은 글을 통해 가장 이익 받는 사람이 자신임을 알게 될 것이다. 아침 25분의 기적을 이른 시일 안에 경험해보길 기대한다.

⫶03

고객데이

계약을 받고 난 후에 변심하면 안 된다. 계약 받기 전에는 간이라도 내줄 것처럼 온갖 정성을 다 하고서는 계약을 받은 후에는 어떻게 하는가. 모든 고객에게 지극정성을 다하겠다고 말은 하지만 행동은 쉽지 않다.

보험을 시작한 지 오랜 시간이 흘렀다. 많은 고객을 만나고 그에 따른 많은 계약을 받았지만, 간혹 조금 쉬고 싶다는 생각이 들기도 한다. 그런 와중에 늘 새로운 고객, 새로운 계약만 욕심낸다면 기존 고객에게 불성실해지기 십상이다.

나는 화요일 하루를 고객데이로 정하고 충실하게 기존 고객들에게 안부 전화를 한다. 평소에 아침 문자를 보내기는 해도 직접 목소리로 대화를 나누는 것보다는 친밀감이 낮을 수밖에 없다.

대화는 고객과 나의 소통이다. 문자처럼 나만의 일방적인 인사나 정보전달이 아니다. 나는 고객과 만나거나 통화를 할 때 대체로 고객의 말을 듣는 편인데, 듣는 것만큼 좋은 소통은 없다고 믿기 때문이다.

무작정 친밀해지고 소통하라고 하지만, 어디 그 모든 사람 전부가 나와 맞는 사람이겠는가. 분명 잘 맞지 않은 누군가가 존재할 수도 있을 것이다. 그러나 우리가 직면해야 하는 사실은, 우리의 존재 이유는 고객이 있기 때문이라는 것이다. 나와 맞는 고객, 맞지 않는 고객이라고 선을 그어두고 생각하지 말아야 한다.

새롭게 계약하는 고객이 내 수입을 만들어준다는 생각만 가지고 기존 고객을 무시한다면, 앞으로 나를 만나주는 고객은 영원히 없다고 보면 된다. 기존 고객과 잘 지내야 새로운 고객이 생겨난다. 이것은 변하지 않고 변할 수도 없는 진리다.

모든 고객에게 안부를 전하고 정보를 전하는 날을 '작정하고' 만들어 보자. 사실 자주 하기 어렵다는 현실도 알고 있다. 매일같이 생각하되 일주일이나 2주 간격으로 안부를 묻고 대화를 나누는 게 바람직하다.

나는 일주일에 한 번으로 정했고, 특별한 경우가 아니면 무조건 온종일 고객과 통화한다. 그러다 보니 화요일은 나와 전화 연결이 안 되는 경우가 많다. 안부 전화를 하는 매주 화요일마다 실감하는 건, 고객을 만나고 통화하는 시간이 턱없이 부족하다는 것이다. 17년 동안 보험 일을 하며 확보된 고객이 1,800명이다. 그 인원을 빠뜨리지 않고 살펴야 해서 하루를 더 늘려야 할지 심각하게 고민할 수밖에 없다.

기존 고객으로부터의 신규 고객 소개가 계속되다 보니 새로운 고객과 만나는 시간이 점점 늘어난다. 다른 설계사들에게는 배 아프고 부러운 이야기로만 들릴 수 있지만, 기존 고객에게 신경 쓸 수 있는 시간이 조금씩 줄어들어 아쉽기만 하다.

가끔 기존 고객들은 관리 안 해도 괜찮을 거라는 사람들의 이야기를 들을 때면 큰일나는 소리라며 입을 막는다. 기존 고객이 중요하다는 건 변함이 없어야 한다.

고객들은 내가 잘난 척하는 순간을 알아챈다. 성의를 다해 챙겨주고 예의 바른 행동을 해야 나를 알아주는 것이다. 고객을 무시하는 폼만 잡아도 한순간에 끝난다고 생각하는 데에는 이견이 없다.

신입이든 경력이 쌓인 보험설계사든 자신만의 고객데이를 만들어서 고객과 긴밀한 관계를 맺어보기를 추천한다.

기념일
만들기

"축하드립니다. 돌을 맞이하는 고객님께 보내는 문자입니다."
"돌이라고요? 누구 돌이요? 문자 잘못 보낸 것 같은데요."

고객은 내가 보낸 축하 문자를 보고 곧바로 답장을 보내왔다. 이렇게 답장이 오면 나는 다시 설명을 곁들여서 문자를 보내거나 전화를 건다.

"고객님이 작년 오늘 저를 통해 암보험에 가입하셨습니다. 1년 동안 무탈하게 잘 지내주셔서 감사합니다. 고객님 덕분에 저도 한 해 동안 박수 많이 받고 잘 지낼 수 있었습니다. 다시 한 번 감사합니다."

"아하! 그랬군요. 난 또~"

　나와 고객의 대화는 언제나 미소로 끝난다. 2년 차에는 두 돌이라고 안내하며 같은 방식으로 인사를 건넨다. 반응이 좋다 보니 백일까지 챙기게 되었다. 단순한 이슈 하나를 통해 웃으며 안부를 묻고, 자연스럽게 고객과 정을 나누는 것이다.

　고객데이를 정해두기는 하지만, 매번 고객과 따로 연락을 주고받을 수 있는 일은 생각보다 많지 않다. 하루가 짧기도 하고, 잦은 연락에 불편한 기색을 보이는 고객도 있을 수 있기 때문이다. 그럴 땐 보통 만기가 도래했을 때 연락을 하는 편인데, 그럴 때만 보내는 문자는 고객에게 큰 도움을 주지 않는다. 그냥 넘기는 문자 중 하나가 될 뿐이다. 그러나 이렇게 약간의 재치를 더해 고객에게 문자를 보내는 건 자연스러운 연락이 된다.

　이런 재치 있는 문자뿐만 아니라, 꼭 필요한 정보 안내도 필요하다. 만기가 있는 자동차보험이나 소멸성 화재보험인 경우다. 안내를 하고 자연스럽게 재계약으로 이루어지게 하는 게 바람직하다. 그러나 고객에게 오랜만에 연락해서 뜬금없이 재계약에 대해 말을 한다면, 듣는 고객의 심기가 불편할 수밖에 없다. 물론 그냥 자연스럽게 알겠다고 하는 고객도 있지만, 아닌 고객도 분명히 존재한다. 그럴 때 재치 있는 문자 하나가 얼마나 중요한지 알게 된다.

　고객의 결혼기념일, 생일을 챙겨주는 설계사는 많이 있다. 그렇지만 고객과의 계약일을 기념일로 챙겨주는 설계사는 그리 많지 않다. 감사의 말을 전하면서 보장 내용을 다시 한 번 설명해주는 것도 좋은 방법이다.

내가 날마다 보내는 아침 문자를 확인하지 않는 고객도 있을 것이다. 그리고 누군가는 그저 수신 확인만 할지도 모른다. 반면에 계약 후 백일이나 1년, 2년째가 된 한 명의 고객을 향한 문자나 전화는 매일 보내는 문자와는 확연히 다른 반응을 이끌어 낸다. 그도 그럴 것이, 모든 사람에게 보내는 같은 내용의 문자가 아니라 오직 그 고객만 생각하며 보낸 문자가 아닌가.

꼼꼼하고 앞선 생각을 하는 설계사라면 이백일과 삼백일, 오백일도 추천하고 싶다. 또한 이제 막 첫발을 내디뎌 고객 숫자가 많지 않은 설계사라면, 더욱 세심하게 연락해서 정성을 쏟아보라고 말하고 싶다.

계약과 무관한 관계의 사람이라 해도, 오랜 시간 동안 연락을 주고받으며 사이좋게 지내서 나쁠 건 하나도 없다. 많은 사람과의 관계가 결국 계약의 열쇠라는 걸 매번 느끼지 않는가.

위와 같은 아주 작은 일, 작은 노력으로 충분히 그 열쇠를 쥘 수 있기를 바란다.

05

증권을
체크하자

1990년대 중후반부터 양복을 입고 007가방을 든 '멋쟁이 보험 설계사'가 생겨났다. 이전까지는 소위 '아줌마 부대'라고 해서 이 쑤시개, 사탕, 다이어리 등의 판촉물로 영업하는 주부 설계사들이 주를 이뤘다. 그런 설계사 시장에 양복을 입은 젊은 남성들이 노트북을 들고 수도권 중심으로 활동하기 시작했으니 다들 의아스러워 했다.

이 보험설계사들은 외국계 보험회사들이 국내로 진출하면서 나타난 사람들이었다. 그들은 종신보험을 위주로 영업했고, 당시 보험 업계로써는 새로운 조직의 등장이나 마찬가지였다. 당시 '아줌마 부대'는 은퇴 후, 혹은 주부로 지내다가 보험 일을 하는 게 대부분이었다. 주부들만의 에너지로 왁자지껄한 분위기를 만들고 판촉물을 많이 뿌리던 때, 새롭게 나타난 젊은 남성 조직은 기존 보험판매 방식과 완전히 다른 모습이었다.

외국계 보험회사들은 "보험은 아무나 할 수 있는 일이 아니다"라고 말하며, 채용 방식을 까다롭게 만들었다. 그리고 강도 높은 교육을 시켰는데, 이 교육에는 일반적인 화법도 있었지만 증권을 분석하는 일이 가장 중요하게 다루어졌다.

나는 보험시장에서 증권분석이야말로 기본 중의 기본이라고 생각한다. 내 고객이 어떤 상품으로 얼마만큼의 보장을 받을 수 있고 부족한 부분이 무엇인지 체크하는 건 당연한 일이다.

내가 보험을 시작할 때는 국내 보험사도 남성 조직을 만들고 차별화를 시도하던 때였지만, 여전히 여자 설계사가 많았다. 그러다 점차 장교, 대기업 출신 남성들이 보험업계로 들어오면서 남성 조직은 폭발적으로 성장했다.

이들은 가장의 사망 시 필요자금에 초점을 맞춰 종신보험 위주로 영업했고 성과도 높았다. 주로 교육보험과 암보험 위주의 저가형이거나 보급형 상품으로 활동하는 기존 보험설계사의 영업방식과 차원이 달랐다.

그들은 개인용 노트북을 휴대하고 다니면서 고객의 보험 증권 분석을 토대로 사람들의 인식을 변화시켰다. 보험 가입 후 19시간 만에 사망한 고객에게 10억 원이 지급되었다는 TV광고가 있을 정도였다.

지금부터 20여 년 전 보험은 아이들 교육보험과 가족암보험, 사망하면 1천만 원이 나오거나, 주말에 열차나 비행기 사망사고 때만 2억 원, 3억 원이 나오는 게 전부였다시피 할 때였다.

이들은 증권을 분석해서 그래프를 만들고, 원인과 관계없이 가장이 사망한다는 가정 하에 유가족에게 필요한 자금을 보장해준다고 말했다. 또한 지금 들고 있는 1천만 원 보장 보험으로 대체 무엇을 할 수 있느냐면서 배짱 있게 영업했다.

나도 그때 외국계 보험설계사를 통해 종신보험에 가입했다. 내가 가지고 있던 보험증서를 보고 요목조목 설명하는 설계사를 보며, 내가 가족에 대한 소중함을 쉽게 지나치고 무책임한 게 아니었을까 하는 생각마저 들었다. 결국 나는 청약서에 서명을 했다. 그만큼 증권에 대한 분석은 고객을 확보할 수 있는 수단이었다.

내가 고객을 만나면서 놀랄 때가 있는데 그건 바로 가입증권을 분석할 때다. 보험증권을 보면 실비보장이 없는 경우가 허다하다. 실제 손해액만큼 보장된다는 실비보험은 누구나 다 가입되어 있을 거라 예상하지만 실제로는 그렇지 않은 경우가 더러 있다.

얼마 전, 보험료로 월 1백만 원 넘게 지출하는 후배를 만나서 실비보장이 없다는 것을 확인했다. 생명보험과 손해보험의 전산에는 이중 가입 방지를 위해 실비보장 가입 여부가 공유되지 않는가. 정작 당사자인 후배도 몰랐다.

후배는 처음에는 가입되어 있다고 말했지만, "설마 실비가 없으려고요……."라고 답하며 불안해했다. 그러나 아무리 조회 화면을 살펴봐도 실비는 존재하지 않았다.

고객의 증권을 분석을 하는 건, 이렇게 보험의 세세한 부분을 확인하고 도움을 줄 수 있다는 장점이 있다. 그러나 확실한 관계 형성이 되기 전에 보험증권을 보여 달라고 하는 건 주의해야 한다. 지금의 고객들은 보험 가입을 목적으로 증권을 요청한다는 사실을 직·간접적으로 경험했으니 부담스러워할 수 있기 때문이다.

물론 신뢰를 주고받는 사이가 되었고 고객의 요청이 있을 때는 세세하게 검토해서 안내해주어야 한다. 가입한 보험의 증권을 맡길 정도의 고객이라면 나를 신뢰한다는 걸 증명하는 셈이다.

고객은 정해진 수입이 있다. 수입에 따른 적절한 지출이 필요한 것처럼 보험료도 마찬가지다. 보험설계사는 적당한 보험료로 안내해야 한다.

그러나 보험도 옷처럼 유행을 따르기도 하고 치수가 달라져 새 옷을 사야 할 때처럼 바꿀 필요가 있다. 10년 전이나 20년 전에 가입한 보장보험으로 턱없이 부족할 수도 있고, 특정 상황에 한정하여 보험금이 지급되는 경우도 있으니 살펴봐야 한다.

고객에게 유행에 대해 이야기하지 않더라도 치수가 달라진 옷 이야기는 편하게 해줄 수 있어야 한다. 이런 기회를 잡을 기회는 증권을 체크할 때다.

보험은 강제성을 띠지 않는다. 우리는 고객에게 정보를 제공하고 선택의 기회를 제공할 뿐이다.

얼마 전 실비가 없다는 걸 알게 된 후배는 실비 보장이라는 안전장치를 준비하게 되었다. 부족한 연금저축보험도 증액했다. 고객을 배려하고 증권을 확인함으로써 일거양득의 효과가 생겨난 것이다.

실비보험이 국민건강보험처럼 모두가 가입되어 있을 거라고 예단하지 않았으면 좋겠다. 만약 여러 상품에 가입한 고객이 보험 혜택을 누리지 못하고 병원비가 과다하게 지출된다면 불만이 커지는 건 당연한 일이다.

결론적으로 증권을 분석하는 방식은 여전히 필요한 상황이다. 설계사들은 기본에 충실한 증권분석이 병행되어야 함을 명심해야 한다.

연도대상의
꿈

보험설계사 일을 하다 보면 연도대상 수상 명단에 내 이름을 올리고 싶어진다. 보통 연도대상은 실적만으로 뽑힌다고 생각하지만, 꼭 그렇지도 않다. 다른 부분을 통해 연도대상 수상 기회가 주어지기도 한다. 신인상 부문이 있고, 우수팀장상, CS스타상 부문은 전체 실적과는 평가 기준이 다르다.

보험회사에 다니는 동안 딱 한 번만 받을 수 있는 상이 있다. 신인상이 그렇다. 하지만 신인상은 신인일 때만 가능하다. 신인상은 입사 후 1년 동안의 실적을 통해서만 받을 수 있는 상이다. 실적이라는 건 보통의 연도대상과 다를 바 없지만, 한정된 기간 이내에 평생 한 번만 받을 수 있다는 것이 다르다.

내가 현대해상을 다니면서 받은 상 중에서 가장 소중하게 여기는 건 연도대상 CS스타 대상이다. 보험 일을 생각도 못 했던 나에게 17년 동안 꾸준히 노력하게 만들고, 평생직업이라는 생각까지 심어준 상이기도 하다.

CS스타 대상은 회사에서 선정하는 게 아니라 고객들의 의견이 반영된 상이다. 본사에서는 30명의 자동차보험 고객과 30명의 장기보험 고객들에게 무작위로 전화한다. 그리고 항목별로 질문하고 보험설계사의 친절이나 설명에 대해 점수를 매긴다. 그중 최고점수를 받은 보험설계사에게 당해 CS스타 대상이 주어진다.

설문 고객을 선정하는 건 무작위 방식이다. 어떤 고객에게 전화가 갈지 모르는 일이다. 나도 나에게 후한 점수를 준 60명의 고객이 누구인지 알 수 없다. 그러니 고객 누구에게나 친절해야 하고 잘 지내야만 높은 점수를 받을 수 있다.

나는 이 상을 받기 위해 어떻게 해야 하는지, 이 상이 주는 위력이 얼마나 큰지 자랑하고 싶다.

솔직히 고백부터 하자면, 처음 수상소식을 접했을 때 이 상을 왜 내가 받는지, 과연 받을 자격이 있는지부터 의심했다. 한마디로 상을 받기 위해 점수에 연연하거나 뛰어나게 높은 실적을 올리지 않은 상태에서 수상했으니 생각이 많아질 수밖에 없었다. 지점장이나 회사에서 실수로 나를 수상자 명단에 넣은 건 아닌지 하는 걱정까지 했다. 하지만 수상자라는 걸 다시 한 번 확인한 뒤에는 심장이 빠르게 뛰는 걸 느꼈다.

보험 일을 시작하고 6년째 되던 해에 받은 상이었다. 고객들과 나름 잘 지낸다고 생각했지만, 정말 그런지 고객들에게 확인할 수는 없었다. 그러던 중에 고객의 의견이 직접 반영되어 받는 상이라 기분이 달랐는지도 모른다.

손해보험은 사고 처리가 상당한 비중을 차지하고 있다. 고객들에게 사고가 안 나는 게 가장 좋은 일이지만, 만약에 사고가 났다면 최우선으로 고객에게 사고 처리에 대한 안내를 해야 한다. 나도 처음에는 어떻게 대처해야 할지 고객만큼이나 당황했다. 그러나 무엇보다 놀란 건 사고 당사자인 고객이다.

나는 몇 번의 경험으로 '빠르게' 사고를 처리하는 게 좋은 방법이라는 걸 알게 됐다. 고객들의 사고현장에는 최대한 출동했고, 고객 옆에서 사고 처리하는 과정을 함께했다.

보통 본사에서 CS 관련 전화를 할 땐 이런 식으로 진행된다.

"안녕하세요, 고객님. 현대해상 CS 관리팀입니다. 저희 연대해상 보험을 이용해 주셔서 정말 감사드립니다. 보험 가입하신 이후 담당자가 고객관리를 잘해드리고 있는지 몇 가지 여쭤보고자 하는데요, 잠깐 통화 괜찮으시겠습니까?"

"고객님의 보험 계약 담당자로부터 최근 3개월 이내 방문이나 전화를 받아보신 적이 있으십니까?"

"계약 체결 이후 담당자의 고객관리가 어떠했는지 만족도를 평가해 주신다면, 매우만족, 만족, 보통, 불만, 매우불만 중 어느 정도 되겠습니까?"

"계약 유지하시면서 다른 불편하신 점은 없으신가요?"

객관적인 전화 내용이다. 이런 식으로 설문을 진행한 뒤에 총점을 매기고 반영해, 가장 높은 점수순으로 대상 결정을 한다.

보험설계사 각자의 고객 60명에게 전화를 걸고, 이런 설문을 진행했을 때 내 점수가 제일 높았다는 게 믿기지 않았다.

실적으로 상을 받는 것도 중요하다. 일할 때 가장 중요한 건 실적이고, 그 실적이 나에게 돌아오기 때문이다. 그러나 함께 중요시해야 하는 일이 있기 마련이다.

현재 이 글을 읽고 있는 보험설계사들은 실적으로 대상을 꿈꾸기 전에 CS연도대상을 꿈꾸기 바란다. 나보다 더 잘하는 동료가 있다면 실적 대상은 놓칠 수 있지만 CS 부문은 그렇지 않다. 동일한 최고점이라면 공동수상도 가능하다. 단, 설문조사를 할 수 있는 고객의 수, 60명은 넘어야 하겠다.

조금 식상한 이유로 들리겠지만 CS연도대상을 받은 비법은 단 하나다. 고객들에게 감사하는 마음을 크게 가졌던 것이다.

많은 설계사가 우연한 기회에 보험을 시작한다. 나도 예외 없이 그랬다. 한 번도 상상하지 않았던 일이었고 내가 절대 할 수 없는 일이라고 생각했던 일이었다. 게다가 보험 일은 머릿속에 있는 이론만으로 안 되는 일이었다.

나는 고객과 대화를 나누는 일부터가 매번 장애물을 뛰어넘는 것과 같았다. 그런 자신감이 없던 나에게 사람들은 고객이 돼주었다. 이보다 감사한 일이 어디 있을까?

연도대상 시상식 때, 첫 고객부터 최근의 고객까지 다양한 얼굴이 주마등처럼 떠올랐다. 새로운 생활에 서서히 적응하면서 처음으로 느낀 벅찬 감동이었다. 내가 진정으로 감사해 하는 마음을 고객들이 알아준 것만 같았고, 노력한다면 언젠가 누군가는 알아준다는 걸 깨달았다.

지금도, 앞으로도 내 인생 최고의 상은 CS연도대상이다. 실적으로 받을 수 있는 연도대상도 모두 값지고 귀한 상이지만, 매번 고객을 만나는 우리가 고객으로부터 받는 최고의 상은 바로 CS연도대상이다.

이 책을 읽은 독자가 책을 통해 다시 한번 연도대상의 꿈을 키웠으면 한다. 어느 부문이든 연도대상을 간절히 바라면 꿈을 꾸게 되고 행동도 그에 걸맞게 움직여질 것이라고 생각한다. 보험 일로 열심히 뛰면서 가장 크게 도움받고, 힘을 얻게 된 계기가 있다면 그것은 연도대상 수상이었다. 받기 전에는 몰랐는데 한번 받고 보니 계속해서 받고 싶은 목표가 생겨난 것이다.

솔직히 놓치고 싶지 않았다. 그 욕심이 나를 날마다 뛰게 했고 더 많은 고객을 위해 공부하게 했다. 이 글을 읽는 여러분과 함께 또 한번 선의의 경쟁으로 더 열심히 뛰는 나를 그려보며 '으쌰으쌰!'를 외쳐본다.

07

칭찬받는 고객
기억법

"와아! 천재시네요. 고객이 엄청 많다고 알고 있는데 어떻게 제 자동차보험 만기일을 기억하세요?"

"8월 15일이 보험 만기니까 7월에 보험료가 산출되면 정확한 금액으로 안내해 드리겠습니다."

오랜만에 전화가 걸려오는 고객에게 자동차보험 만기일자를 알려주면, 상당수의 고객이 천재냐며 묻는다.

내가 정말 천재일까? 만약 고객의 자동차보험 만기일자를 전부 기억해서 아는 척했더라면 진짜 천재인 게 맞다. 하지만 나를 통해 가입하는 차량은 연간 1천 대가 넘는다. 어떻게 수 천대에 달하는 만기일을 다 기억하겠는가.

천재가 아니면서 고객들의 만기일을 챙길 수 있는 간단하고 쉬운 비법을 소개할까 한다. 싱거울 정도로 간단해서 별거 아니라고 생각할 수 있지만, 의외로 활용하지 않는 동료들을 많이 봤다.

나는 고객의 이름을 휴대폰에 저장할 때 고객 이름 뒤에 자동차보험 만기일자나 장기보험 가입 일자를 함께 저장한다. 예를 들어 어떤 고객에게 자동차보험을 5월 5일에 받았다면, 이름 뒤에 '0505'라고 추가 입력하는 것이다.

고객의 자동차보험 만기가 도래하기 한 달 전쯤이면 본사에서 일괄적으로 우편이나 문자로 만기일을 안내해준다. 대부분 고객은 나에게 먼저 전화를 건다. 이때 "안녕하세요!"와 동시에 "자동차보험 만기 문제로 전화하셨죠?"라고 물으면 어떻게 기억하냐며 놀란다. 그렇게 자연스럽게 관심을 드러낼 수 있다.

나는 좋은 분위기를 몰아서 인사를 덧붙인다.

"네. 숨소리만 들어도 알 수 있습니다. 모든 고객님을 기억할 수는 없지만 고객님처럼 특별한 분들은 이렇게 기억하고 있습니다. 잘 지내시죠?"

이런 전화를 받는다면 기분이 어떨까? 누군가에게 특별하게 기억되고 있다고 생각하면, 당연히 기분 좋은 일이다. 서로 웃으면서 통화를 이어나갈 수 있다. 자주 경험해본 일이다. 이렇게 시작되는 전화로 더 친해진 기분을 만들 수 있다.

이미 활용하고 있다면 다행이지만, 만약 활용하지 않고 있다면 즉시 고객 이름 뒤에 자동차보험 만기 일자를 입력해놓길 권유한다. 고객들에게 만기일자까지 챙겨주는 설계사로 기억되는 게 좋은 일이라는 건 누구나 다 아는 사실이다.

고객이 많고 바쁘다는 이유로 만기일자를 전부 챙기지 못하는 경우가 많다. 바쁜 건 고객도 마찬가지다. 하지만 우리는 고객이 잊는 것을 챙겨줘야 하는 설계사라는 걸 잊지 말아야 한다. 더러 연휴 전에 만기를 챙기지 못해 연휴 내내 고객이 운전할 수 없는 경우도 있다고 한다. 얼마나 끔찍한 일인지 상상하기도 싫을 것이다. 기본이자 필요한 일이고, 안 챙겼을 때 고객의 실망이 커지게 되는 게 바로 '자동차보험 만기일 챙기기'다.

나보다 내 고객이 더 바쁘다고 생각하고 만기일자만큼은 내가 꼭 챙겨주자.

장기보험 고객은 자동차보험처럼 네 자리만 입력하는 게 아니라 가입연도를 포함해서 여섯 자리를 입력해놓으면 좋다. 대화가 편할 뿐만 아니라, 보험에 대한 질문에도 당황하지 않고 응대할 수 있다.

특히 실비보험과 태아보험은 고객의 이름 뒤에 가입 연월일을 기록해놓는 게 좋다. 실비보험의 경우는 2009년 8월 1일을 기준으로 이전과 이후의 표준약관이 다르게 적용되기 때문이다. 보험에서 중요한 부분인 보장내용상 차이가 난다. 가입 연월일을 안다는 건 보장을 안내할 때 수월하게 진행할 수 있다는 장점이 있다.

태아보험 역시 계약일을 저장해둬야 좋다. 그리고 아이가 태어난 뒤엔 자녀 이름과 생년월일을 정확하게 입력한다. 자녀가 한 명 이상이라면 메모장을 활용해 자세하게 기록하면 되는 일이다.

우리 업무는 고객을 만나고 계약하는 일만 있는 게 아니다. 기존 고객들의 궁금증을 빠르게 안내하고 처리해주는 일도 있다. 우리는 고객을 위해 도와줄 수 있는 일이 많다. 한두 번 안내해주고 신뢰를 받게 되면 고객들의 추가 계약과 소개까지 이어질 수 있다는 사실도 염두에 두면 좋겠다.

궁금한 것을 빨리 알려주고 도와주려는 사람에게는 상대 역시 도움을 주고자 하는 마음을 갖기 때문이다.

관심만 있으면 언제든 컴퓨터를 켜서 알려줄 수 있는 일들이 많다. 그리고 무엇보다 요즘 누구의 손에도 비서가 있지 않은가. 스마트폰이라는 개인 비서를 활용하면 된다. 갑자기 걸려오는 전화에 고객 이름과 날짜를 확인하고 두 달 안에 만기가 된다면 "자동차 보험 때문에 전화하셨나요?"라고 시작하는 한마디면 충분하다.

이건 특별한 친절도 아니다. 하지만 고객은 감동한다. 감동받은 고객과는 잘 지내지게 되고, 그런 고객의 수는 시간이 지나면서 점점 많아지게 된다.

이것은 내가 내년과 내 후년을 더 기대하는 이유다. 올해보다 내년에 더 많은 고객과 잘 지낼 것을 생각하면 얼마나 기쁘고 설레는가.

　매번 독특하고 놀라운 일로 고객과의 소통을 생각할 필요는 없다. 특별하지 않은 일상의 일이 나와 고객의 관계를 연결해주기도 한다.

말더듬이
연도대상

리쿠르팅

04

말더듬이
연도
대상

평생
무료

남우진 2002.02.26 / 국승철 2003.12.02 / 이은수 2015.04.16

세 사람은 내가 현대해상으로 부른 후배들이다. 불렀다고 말하면 마치 쉽게 이직을 한 것 같지만, 실상은 그렇지 않다. 누군가에게 일을 제안받고 선택하기까지 많은 고민이 있어야 하듯, 제안하는 사람에게도 신중한 생각과 태도가 필요하다.

'그들이 내 제안을 반가워할까?'
'과연 잘 어울릴 수 있을까?'

그들에게 보험설계사 일을 소개하기까지 오랜 시간 고민했다. 무엇보다 가장 먼저 떠오른 질문은 '그들이 보험사에서 즐겁게 일 할 수 있을까?'였다.

남우진과 국승철은 나와 BYC에서 만난 인연인데, 현재 현대해상에 입사한 지 10년을 넘긴 만큼 보험영업 베테랑이 되었다.

우리 일의 특성상 성과를 떼어놓고 생각할 수 없다. 남우진과 국승철은 현재 억대 연봉을 넘어섰다. 그들이 얼마나 만족하는지 예상할 수 없지만, 이 일을 열심히 하고 있다는 것만은 분명하다.

직접 그들을 통해 공통된 이야기를 듣기도 했는데, "현대해상에 입사하고 인생이 바뀌었다"는 말이었다. 이 정도 말을 할 정도라면 그들의 만족과 즐거움이 예측되지 않는가. 그들이 만족해하고 즐거워하는 게 나에게는 큰 기쁨이 되기도 한다.

나는 매월 수당지급일에 딱 한 사람과 정해진 점심 약속이 있다. 제일 마지막에 입사한 이은수이다. 그는 내 고등학교 후배로 같은 지점에서 근무하고 있다.

입사한 지 얼마 되지 않았을 때, 그가 나에게 말했다.

"선배님, 제가 이곳에서 근무하는 동안 매월 급여 날에 점심을 사겠습니다."

나는 주저 없이 그러라고 했다. 내 후배라는 가까운 사이를 떠나, 내가 직접 현대해상으로 안내한 친구였다. 처음이라 모르는 일이 많고 내가 겪었던 어려움을 그대로 겪어야 하는 시기였다. 나는 선배로서 여러 가지 방향을 제시해 주는 사람이 되어야 한다고 생각했다. 한 달에 한 번 있는 점심시간은 그저 밥을 먹는 시간이 아닌, 그가 잘 정착할 수 있도록 내가 도와주는 시간이 되는 것이다.

생각해보면 나는 무료 점심뿐만 아니라 평생 무료 와이셔츠도 받고 있다. 내가 처음으로 현대해상에 도입해서 억대 소득을 받는 남우진 후배의 선물이다. 그 덕분에 벌써 몇 년째 와이셔츠를 사지 않았는지 모른다. 명절이 되면 어김없이 최고급 와이셔츠를 선물로 받게 된다.

새 구두를 선물하는 후배도 있다. 실제로 새 구두를 사주는 게 아니라 내가 신고 있는 구두를 번쩍번쩍 광을 내서 가져오니 새 구두를 신는 기분이다.

사무실에 앉아 일을 보고 있으면, 구두 닦는 분이 와서 내 구두를 들고 간다. 그리고 구두 닦는 비용은 국승철이 낸다. "현대해상에 근무하는 동안 대표님 구두는 제가 맡겠습니다!" 간단한 일인 것도 같지만 마음이 가지 않으면 쉽지 않은 일이다.

매번 다양한 후배의 호의에 고맙고 때로는 민망한 기분도 들지만 미소로 인사하고 진심으로 고마워한다. 후배들의 정성 어린 마음을 알기 때문에 그들이 애써 준비한 선물과 호의를 어색함 없이 받아들이고 있다.

그들에게 보험 일을 안내한 건 나지만, 이 일을 스스로 개척하고 발전시킨 건 그들이다. 점심을 먹는 날, 내가 계산하지 않아서 행복한 것이 아니다. 계절마다 받는 와이셔츠나 깨끗해지는 구두가 기쁜 게 아니다.

그들이 나를 신경 쓴다는 건 그만큼 나에게 고마워하고 있다는 의미다. 바꿔 말하면 회사에서 자신의 자리를 잡았다는 얘기다. 그들과 얼굴 한 번 더 마주하면서 덕담까지 해줄 수 있는 내가 가장 행복한 사람이 아닐까 싶다.

그들은 단지 내가 먼저 보험을 함께 해보자고 제안했다는 이유로 나에게 감사해 하고 있다. 사실은 내가 더 고마워서 와이셔츠도 사주고, 구두도 닦아주고, 점심도 사주고 싶은데 말이다.

어떤 일이든 처음은 힘들다. 그들이 나의 입사 제안에 대해 망설임을 가지고 있었고, 일을 시작하고 나서도 힘들어했다는 걸 알고 있다. 하지만 일이 잘 풀리면, 모든 일은 추억이 되기 마련이다.

요즘 그들의 얼굴을 마주하고 있을 때면 그들 표정에서 여유로움을 자주 본다. 나는 누군가에게 하나의 직업을 안내할 수 있다는 게 기쁘고, 또다시 보험설계사라는 직업에 자랑스러움을 느낀다.

투자 없는
대형사업

남우진 2002.02.26

요즘 들어 도입할 때 가장 많이 사용하는 말이 하나 있다. "보험은 투자 없는 대형 사업이다"라는 말이다.

실제로 대기업의 체인사업을 하려고 할 때 들어가는 자금은 수억 원이 넘는다. 빵집이나 커피숍을 차리려면 3억이나 5억을 말하기도 하고, 때에 따라서는 5억보다 훨씬 큰 금액을 투자해야 한다.

그렇다면 보험대리점을 개설할 때는 얼마를 투자해야 할까?

0원이다. 대리점 개설에 금전적 투자는 필요 없다. 다만 처음에 교육을 받는 '시간 투자'가 필요할 뿐이다. 17년 전의 나도 그렇게 시작했고 지금도 마찬가지다.

보험회사는 국내뿐만 아니라 외국계 회사도 대기업이거나 막대한 자금력과 공신력을 자랑하고 있다. 대기업의 체인사업을 공식적으로 하면서 자금 투자는 필요 없는 게 바로 이 보험이다.

나는 대리점을 운영하며 증원을 많이 했다. 복이 많아서일까? 증원했던 사람이 다시 증원해, 2007년 4월에는 지점 점포 분할도 하게 되었다. 실적이 높아 매년 연도대상까지 받았다. 마치 보험설계사로 살아야 할 운명인 것처럼 일은 순탄하게 진행됐다.

대학을 졸업한 뒤 직장생활을 시작했고, 일반 회사에 근무하던 11년 동안 상상도 못 했던 일이 보험설계사였는데……. 그랬던 내가 연도대상을 열 번이나 수상하는 주인공이 되었다.

앞에서 언급했지만 나는 보험영업을 잘할 수 있는 사람이 아니었다. 첫인사부터 상품 설명, 맺음말까지 유창한 화법을 구사하지 못한다고 생각했기 때문이다. 당장에 내 소득과 직결되는 영업에 자신이 없으니, 도입은 오죽이나 어려웠겠는가. 그러면서도 새로운 일을 찾고 있는 성실한 사람들에게 보험 일을 추천한다는 것은 그만한 가치가 있었다.

첫 직장을 그만두기 한 달 전, 입사한 지 얼마 되지 않은 남우진이 나에게 물었다.

"선배님! 저는 BYC가 좋아서 입사했습니다. 대학 선배님이 회사 인사과장을 하고 계시기에 너무 기뻤는데 왜 선배님은 그만두시는 거죠? 제가 선택한 이 회사에 특별하게 문제가 있는 건가요? 알려주세요. 제 미래가 달린 문제입니다."

당돌한 질문이자 답변하기 곤란한 질문이었다. 당시 회사에 문제는 없었다. 여전히 지역사회에서 손에 꼽히는 규모의 회사였다.

"후배가 우리 회사에 입사해서 자랑스러워. 내가 직장을 그만두는 이유는 내 계획에 있던 일이었을 뿐 회사가 나빠서 그만두는 게 아니야. 나는 원래 10년 일해보고 내 사업을 할 계획이었어. 지금은 때가 되었다고 생각해서 사표를 내는 거야. 자네도 3년, 5년 열심히 일해보고 진로를 생각해보시게."

우리는 짧은 대화를 마치고 헤어졌다. 그 후 나는 현대해상 대리점을 개설했고 남우진은 BYC에서 직장생활을 하며 각자의 역할에 충실했다. 당시 남우진은 자동차보험과 운전자보험에 가입한 내 고객이기도 했다.
그러던 어느 날, 그가 회사를 그만둔다는 소식을 들었다. 나는 그 소식을 듣자마자 그에게 전화해 자리를 만들었다.

"자네가 회사를 그만둔다는 소식을 들었네. 왜 그만두려고 하나?
"회사에 입사한 지 만 3년이 지났습니다. 좀 더 활동적인 영업직을 하고 싶어졌습니다. 아직 어떤 회사에서 어떤 일을 해야 할지 정하지는 않았지만, 다른 일을 생각 중입니다."

나는 구체적인 계획이 안 선 그에게 보험 일을 제안했다. 최초의 리쿠르팅 시도이자 최초의 거절을 받는 순간이었다.

"과장님은 사회경험도 많고 인맥도 많고, 또 결혼도 하셔서 잘할 수 있지만 저는 경험도 없고 총각이라 못합니다."

만약 남우진이 사회경험과 인맥 이야기만 했더라면 나중이라도 생각나거든 연락 달라며 헤어졌을 게 분명했다. 하지만 남우진에게 확실하게 전해줄 말이 있었다.

"그렇다면 사회경험이 자네보다 적고, 결혼도 아직 안 한 자네 또 래가 어떻게 일하는지 보겠나? 자네보다 한 살 많은 총각인데, 이 강선이라고 연 소득이 8천만 원이야."

남우진은 놀라는 기색이 역력했다. 당시 큰 회사의 신입 연봉이 2 천만 원 수준이었는데, 8천만 원이라는 소득에 놀란 것이다.

"다음에 기회를 봐서 그 친구와 같이 만나 볼 시간을 만들어줄 테니까 직접 만나보고 궁금한 것도 물어봐. 그런 다음에 결정하면 되겠네. 어떤가?"

나는 그렇게 남우진과 이강선 대표를 만나게 해주었고 남우진은 입사를 결정했다. 보험이 나처럼 직장생활을 오래 하고 결혼해야만 할 수 있는 일이라는 고정관념이 깨지는 순간이었다.

　남우진은 내 독려 속에 함께 보험 일을 시작했고 입사 첫해 연도 대상 신인상을 받았다. 그리고 두 번째 해부터는 내 연봉을 앞지르기까지 했다. 2006년도 연도대상 시상식에서 나는 CS스타 대상을 받았고, 우진이는 리쿠르팅을 많이 한 실적으로 신입도입 대상을 받았다. 그 후 우진이와 함께하는 선의의 경쟁 덕분인지 나도 CS 대상을 받은 이후로 한 해도 거르지 않고 연도대상을 받을 수 있었다.

　내가 처음으로 도입한 남우진이 스스로 만족하는 보험설계사가 된 건 내 복 중의 복이다. 이후로 함께한 도입자들도 우수한 실적과 함께 만족감을 내비친다.

　항상 관심을 가지고 지켜보다가 기회가 되었을 때 적극적으로 안내하는 게 중요하다. 처음 도입한 남우진이 소위 대박을 터뜨려주니, 내가 도입하려는 사람에게도 자신감이 생겨났다.

　나는 누군가를 도입할 때 '초기 투자가 필요 없는 큰 사업'이라는 말을 자주한다. 실제로 내가 회사에 입금하는 보험료는 2015년 기준 28억이었다. 한마디로 내 개인의 매출인 셈이다.

　많은 중소기업 대표들은 직원을 두고도 10억 이상의 매출을 달성하기 쉽지 않다고 말한다. 수익률은 또 어떤가. 10억을 올리고 10%에 해당하는 1억의 수입도 가져가기 힘든 게 사업의 현실이다. 그러나 우리 일은 다르다. 연 소득 1억이 넘는 보험설계사가 갈수록 많아지고 있다.

나는 이런저런 사업을 크게 해보고 어려워진 중년 남자들에게 보험을 사업으로 접근하라고 말한다. 실제로 보험은 사업과 다르지 않다. 우리는 대기업에 입사한 직원이자, 대기업의 협력업체로 공식 등록한 사업체다. 대기업에 소속되어 협력관계를 맺은 동반사업자인 셈이다.

예전에는 이렇게 생각하지 않았을 때도 있었다. 그러나 이제는 누구를 만나도 전보다는 어렵지 않게 보험을 함께 해보자고 권유한다. 조금 다르게 접근하니 생각도 쉬워진 것이다.

혹시라도 상대가 거절한다고 상처받을 필요 없다. 언젠가 다시 나를 찾을 확률도 분명히 존재하니 말이다.

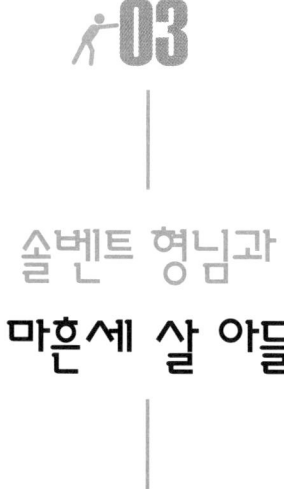

솔벤트 형님과
마흔세 살 아들

고재균 2002.06.25 / 서철민 2006.12.13

현대해상에 다니면서, 하루가 멀다고 여러 부류의 사람들을 만났다. 고객으로 지내는 사람 중에도 특별히 친해진 사람들이 있고, 고객으로 알고 지내다가 현대해상에서 함께 일하게 된 멤버들도 있다.

그중 함께 일하게 되면서 각별해진 두 사람이 있다. 바로 고재균 형과 후배 서철민이다. 이 둘은 현재 억대 연봉을 받으면서, 나처럼 보험설계사를 평생직업으로 생각하며 일하고 있다.

고재균 형은 외사촌 형의 고향 친구인데, 어릴 적에는 나의 어머니에게도 고모라고 부르며 따랐을 정도로 가까운 사이였다. 덕분에 형은 몇 년 동안 내 자동차보험 고객이었다.

형의 별명은 '솔벤트'이다. 이 밖에도 화약, 신나, 가스라는 별명이 있을 정도로 화통하고 급한 성격을 갖고 있다. 요즘에는 스스로 도인이 되었다고 말할 정도로 차분해진 편이지만, 주위에서 볼 때는 여전히 급하다. 하지만 일 처리에 있어서는 빠르다. 자신의 성격을 장점으로 잘 살린 셈이다.

2002년도부터 일했으니 벌써 15년째 보험 일을 하고 있다. 내가 처음 보험을 권했을 당시 재균 형은 대형서점에서 20년을 근무한 뒤, 레스토랑을 개업한 직후였다. 나에게 자동차보험에 가입해 증권을 갖다 주려고 인사를 갔는데 형의 표정이 어두워 보였다. 레스토랑 사업이 신통치 않았고 기회가 되면 사업을 접을 거라고 말했다. 장소를 옮기면 어떨까 하면서도 자신감이 많이 떨어져 있는 듯했다.

내가 아는 형의 모습과는 달랐다. 나는 형의 성격이 화통하고 친구도 많으니까 보험을 해보라고 했다. 형은 내 말을 듣자마자 두 손을 휘휘 저으면서 절대 할 수 없는 일이라고 단호하게 거절했다. 자기 성질 급한 거 모르냐며, 고객들과 큰소리쳐 가며 싸움닭 기질을 발휘할 텐데 누가 나한테 보험 가입을 하겠냐며 말도 안 되는 소리라고 했다.

"형님! 지금 이 자리에서 장사도 잘 안되고 직원 관리도 힘들다고 하셨는데, 어디 가서 다시 오픈한들 애로가 없겠습니까? 보험설계사는 정년도 없고 형님이 따로 돈을 투자하지 않아도 됩니다. 형님의 성실함과 화통한 성격이라면 충분히 잘할 수 있을 것 같아 말씀드립니다."

"야야! 말도 안 되는 소리 하지 마라. 난 그런 거 못 한다. 그런 말 할 거면 딴 데 가서 알아봐라."

"그럼, 시험 보고 교육만이라도 받아 보신 후에 결정해보세요."

재균 형은 그냥 한번 교육이라도 받아보라는 말에 멈칫했다. 나는 여세를 몰아 한 번 더 권유했다.

"형님! 제 말을 믿고 시험 보고 딱 석 달만 새로운 사업을 배운다고 생각하고 교육받아 보세요."

"나 일 시킬 생각은 하지 마……. 그래도 내가 동생 봐서 시험은 한번 볼게!"

"예, 형님! 알겠습니다."

형은 시험에 합격했고, 교육도 잘 받았다. 교육 기간에 반장 역할도 했다. 나는 형이 교육과정 중에 보험의 매력을 느꼈으리라 확신했다. 그리고 내 확신대로 교육이 끝난 뒤 정식으로 보험설계사 등록을 하고 코드를 받았다.

형은 성격만 급한 게 아니라 매사에 앞장서는 스타일이다. 교육 때부터 지금까지 항상 1등으로 출근하고 지점 내의 화분 물주기, 냉장고 청소같이 궂은일을 도맡아 한다. 나와 함께 식사하는 자리에서 항상 밥값을 먼저 계산하고 나가신다. 내후년이면 환갑이 되지만 여전히 재빠르고 열정적이다. 그 모습 그대로인 덕분인지 벌써 15년째 억대 소득을 유지하고 있다.

서철민은 나이 차이가 별로 나지 않는데도 나를 아버지라고 부른다. 그와 나의 연결고리는 꽤 깊다. 옛날 속옷 시장에서 BYC의 라이벌 업체는 쌍방울이었다. 나는 BYC, 서철민이 쌍방울에 다니던 시절에는 서로 모르는 사이였다. 그러다 퇴사 후 보험 일을 하던 중 초등학교 동창이 서철민을 언급했다.

친구는 "쌍방울에 다니던 지인이 퇴사했는데, BYC 관계자에게 부탁해 경력사원으로 채용하면 어떻겠어?"라는 말을 해왔다. 그는 10년 가까이 쌍방울에서 근무했고 성실하다고 소문이 나 있었다. 그러나 서철민과 나의 첫 만남이 이루어졌을 당시 BYC와 쌍방울은 매출 급감으로 인해 구조조정이 대두하고 있을 때였다. 섬유산업 전체가 불황의 늪으로 빠져들 때였고 생산공정 일부가 중국이나 개성공단으로 이전하는 시기라 신규채용이 없었다.

서철민은 섬유업체에 경력사원으로 입사하기를 희망했다. 그러나 나는 그를 만류했다. 2006년, 그는 30대 중반이었다. 사실 섬유산업의 장래는 어두웠다. 그 우려가 입증되듯 섬유업계의 불황은 유독 가파르게 진행되고 있었다. 나는 그가 보험 일을 하는 게 어떨까 싶었다.

함께 지내면서 그의 행동을 보았던 건 아니지만, 성실함이 엿보였다. 그러나 무엇보다 본인의 선택이 중요하다고 여겼다. 나는 그를 만나 필요한 정보를 주고 한번 생각해보라는 말을 남긴 채 헤어졌다.

그리고 며칠 후에 연락이 왔다. 열심히 일하겠다는 다짐과 함께였다. 그렇게 서철민은 현대해상에 입사해 10년째 다니고 있다. 연 소득이 억대를 훌쩍 넘길 만큼 실적도 뛰어나다. 그는 보험설계사로 일을 시작한 직후부터 나에게 아버지라고 부른다.

내가 왜 아버지냐고 물었더니 나를 통해 보험 일을 소개받게 되었고 보험인이 된 후 다시 태어난 기분이 들어서 그렇다고 답했다. 30대 중반이었던 그가 어느덧 40대 중반이 되었다. 아직 젊은 나에게 아버지라고 부르는 게 징그러울 때도 있었지만, 감사의 표현이라고 생각하고 기분 좋게 만나고 있다.

사람의 일은 한 치 앞도 모른다. 그리고 한 사람, 한 사람과 연결되는 인연은 늘 신비하고 놀랍다. 내가 새로운 직업으로 보험을 결정한 것도 그렇고 리쿠르팅한 후배들과 함께 일하게 된 것도 그렇다.

나는 많은 고객으로부터 사랑을 받으며 행복한 삶을 살고 있다. 그런데도 매일 표시하지 못하는 게 문제인데, 날마다 표시나게 사랑받고 표시나게 고마워하는 이들이 있다. 바로 내가 리쿠르팅한 가족들이다.

그들이 나를 통해 보험 일을 시작하고, 행복해하는 모습을 볼 때마다 직업을 통해 행복까지 통째로 선물한 기분이 든다.

솔벤트라는 별명처럼 화통하고 급한 성격의 형이 나를 어려워하며 깍듯하게 예우해주는 모습도, 내 아들보다 스무 살이나 많은 중년이 나에게 아버지라고 부르는 것도 너무나 익숙해져 버렸다. 이제는 이 익숙함조차 색다른 기쁨이다.

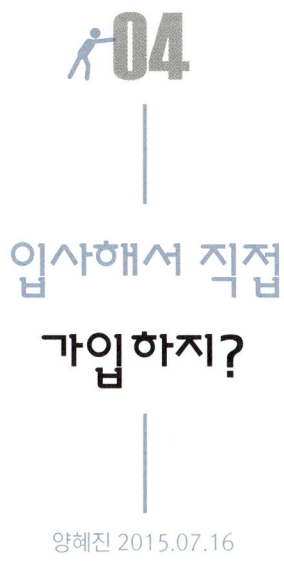

입사해서 직접
가입하지?

양혜진 2015.07.16

"친정어머니가 암 판정을 받았어요."

휴대전화를 통해 떨리는 음성이 전해졌다. 보험 일을 하기 전부터 잘 알고 지내던 양혜진 씨였다. 마음이 덜컥 가라앉는 것 같았다. 반가운 이름이 휴대전화 화면에 뜬 것을 보고 밝은 목소리로 인사를 했는데, 잠시 할 말을 잊고 무슨 말을 이어가야 할지 고민했다.

대부분 고객은 어렵게 보험금에 대해 말을 꺼낸다. 그렇게 시작되는 질문은 대개 비슷하다. 혹시 실비보험이 잘 유지되고 있는지, 암보험이나 암특약보장은 얼마인지를 묻기 위해서다.

나는 양혜진 씨의 슬픈 소식에 잠깐 주춤할 수밖에 없었다. 자동차보험은 물론이고 남편과 아이들 보험까지 종류별로 가입한 우량 고객이었지만, 어머니 보험에 대한 기억이 없어서였다. 호들갑스럽게라도 "뭐야? 무슨 암이래? 큰 병원에서 제대로 검사받은 거야?"라며 가족 같은 걱정이라도 해야 했는데 그것마저 못했다.

보험을 하고부터는 다른 사람들의 사고나 질병에 차분히 응대하는 습관이 생겼다. 그도 그럴 것이 나에게 전화를 하는 고객들은 내가 위로할 틈 없이, 쉴 새 없이 질문하니 절로 차분해진다. 좋은 현상인지 아닌지 결론 내리기는 힘들지만, 항상 마음이 아픈 일인 건 분명하다.

다른 질문 없이 어머니가 암 판정을 받았다는 이야기만 했을 뿐인데, 나 혼자 놀라 있었다. 내가 먼저 보험에 관해서 물어봐야 하지 않나 싶을 때였다. 수화기 너머에서 생각하지 못한 질문이 왔다.

"그래서 말인데요. 위암이나 대장암은 가족력이 있다고 해서 제 아이들이 걱정돼서요. 지금 가입하고 있는 게 20세 보장인데 아이들 보험을 100세 보장으로 변경하려고 해요. 가능할까요?"

"당연히 가능하지."

"네, 병원에 엄마 모시고 다녀야 하고 병간호도 해야 해서 직장도 오늘부로 그만두었어요. 저도 이리저리 정리할 일도 많고 해야 할 일이 많아졌네요. 아이들 보험설계서 나오면 알려주세요. 안녕히 계세요."

전화를 끊기 전 나는 예전부터 생각했던 말을 꺼냈다.

"아, 참! 내가 전부터 하려던 말이 있는데, 아이들 보험 나한테 가입하지 말고 혜진 씨가 입사해서 직접 하지그래."

순간적으로 나온 말이 아니었다. 나는 혜진 씨가 다녔던 직장의 대표가 친구라서 그녀를 자주 봐왔다. 혜진 씨만 따로 만날 정도로 친밀한 사이는 아니었지만, 오래전부터 똑 부러진 성격과 친절한 모습을 기억하고 있다. 친구에게 전해 들은 말로는 업무 처리도 꼼꼼하고 정확하다고 했다. 다만 결혼 후 시댁에 인사 가던 중 큰 교통사고를 당해 수개월 입원했고, 아직까지 후유증이 남아있어서 무리가 있는 일은 할 수 없다고 들었다.

혜진 씨라면 보험을 잘할 수 있겠다 싶었다. 아이들을 어머니에게 맡기고 맞벌이로 일을 해왔는데, 혜진 씨의 어머니가 입원했으니 어쩔 수 없이 육아와 병간호를 책임져야만 했다. 아이들을 돌봐야 하는 시간이 필요하면서, 육체적인 노동이 어렵다는 면에서 보험이 제격이다 싶었다.

"에이. 사장님! 저는 보험은 못해요. 남한테 아쉬운 말도 못 하고……."

"요즘 누가 아쉬운 소리를 하면서 보험을 해! 내가 혜진 씨한테 아쉬운 말 하면서 보험 가입하라고 그랬나?"

"네, 그건 아니지만 저는 못해요."

"지금 당장 결정할 일은 아니지만 잘 생각해봐. 이제 어머니 간호까지 맡게 되었으니 일반 직장생활은 힘들잖아. 돈도 벌어야 하니 개인적인 시간을 이용할 수 있는 일을 생각해봐야지. 그리고 혜진 씨는 업무 처리와 대인관계가 좋잖아. 내가 봤을 때 잘할 것 같아서 말하는 거야."

"네, 일단 남편과 상의해보고 연락드릴게요."

그렇게 통화를 한 후 이틀 뒤에 연락이 왔다.

"대표님, 남편과 상의해봤는데요. 남편 말이 보험은 아무나 하는 게 아니라고 하더라고요. 그렇지만 결정은 알아서 하라고 하네요. 저도 해볼까 고민되는데 자신은 없고… 저 잘할 수 있을까요? 만약에 제가 보험 하게 되면 대표님 도움 없이는 못 해요. 꼭 도와주신다고 약속해주세요."

"그래. 당연하지! 내가 최대한 도움이 되도록 할게."

나는 양혜진 씨와 남편에게 신뢰받고 있었다. 마지막 직업이 될 수도 있는 나이에 보험사에 입문하는 건, 일보다 나를 믿고 따르는 것이 아닌가. 이런 상황에서는 나도 큰 부담을 가져야 한다. 하지만 나는 부담이란 건 생각하지도 않았다. 오로지 결정을 내린 상대방을 믿었다.

그렇게 혜진 씨는 2015년 6월에 교육을 받고 7월에 코드를 냈다. 처음 말했던 대로 아이들 보험은 엄마인 혜진 씨가 직접 설계하고 가입했다. 해가 바뀌었고 벌써 12차 월이 되는 혜진 씨는 역시 내 기대를 저버리지 않았다. 월 소득도 3백만 원을 넘어섰다. 본인도, 남편도 만족해한다.

그러나 정작 내가 도와준 건 하나도 없다. 나는 보험 일을 안내했을 뿐이다. 직접 선택한 건 혜진 씨다. 나보다 젊다는 것 하나만으로도 부러운데, 자기의 앞길을 설계하는 모습을 보면 얼마나 든든한지 모른다. 내가 도입한 사람들 모두 내 나이가 되면 나보다 더 잘할 수 있다고 믿고 있다.

리쿠르팅을 통해 입사한 멤버들에게는 늘 고마운 마음이다. 내가 처음 보험 일에 대해 안내할 때부터 집중해서 듣던 모습과 면접 준비 과정, 쉽지 않았던 공부를 하며 시험에 합격한 것과 신입 교육을 받고 영업코드를 부여받기까지……

한 달 두 달 지내고 1년이 지날 때까지 무사히 정착했다는 일만으로도 고마운데 신인상을 받기도 하고 짧은 시간에 억대 소득을 넘기는 그들이 얼마나 자랑스러운지 모른다. 그래서인지 내 실적이 올라갈 때보다 후배들이 높은 실적을 올리며 상을 받는 게 더 기분 좋은 일이다.

양혜진 씨가 잘 정착하면서 리쿠르팅 자원에 대한 생각이 바뀌었다. 그동안 여성 보험설계사에 대한 편견이 없었지만, 혜진 씨 이외에는 여성 보험설계사 도입에 많은 관심을 두지 않았던 게 사실이다. 연도대상 시상식장을 가도 여성이 훨씬 많은데 왜 여성 보험설계사를 도입해야겠다는 생각을 안 했는지 모르겠다. 들여다보면 여성 보험설계사가 업무도 꼼꼼하고 고객 응대도 훨씬 부드럽다. 그러면서 욕심도 많고, 욕심만큼 일을 해낸다.

누군가 당신에게 보험 일을 추천했다면, 그만큼 당신을 믿었다는 얘기다. 그리고 반대로 내가 믿는 누군가에게 도움을 주고 싶을 때, 보험 일을 추천하는 것도 그들에게 관심이 있고 믿음이 있다는 표현이 될 수 있다.

가려운 곳을 긁어주자

국승철 2003.12.02 / 최준영 2013.10.24

"열심히 해서 내 연봉 절반 정도 받을 자신이 있으면 도전하고, 아니면 하지 마!"

이렇게 잘난척하며 호기롭게 리쿠르팅 하는 설계사가 또 있을까?

내가 처음으로 도입해 첫해 연도대상 신인상을 받고 1년 만에 억대 연봉을 받은 남우진이 자신의 친구였던 국승철에게 리쿠르팅을 하면서 한 말이다.

국승철은 남우진의 억대 연봉에 깜짝 놀라며 보험에 관심을 보였다. 자신의 연봉 3천만 원과는 비교도 할 수 없었으니 놀랄 수밖에 없었다. 그리고 곰곰이 생각하던 국승철은 남우진에게 말했다.

"내가 너보다 키 작은 것 빼고는 빠지는 게 없지. 잘생겼지! 사회 생활도 많이 했지! 성격도 좋지! 활달하지! 운동도 잘하지! 너보다 못할 게 뭐가 있냐? 니가 했으면 나도 할 수 있어. 오히려 너보다 더 잘할 자신도 있다."

당장 입사할 듯이 절차를 물었고 그렇게 나와 면담까지 하게 됐다. 국승철은 나와 면담하면서도 자신감이 넘쳤다. 보험 일이 자신감만으로 되는 일은 아니지만, 자신감이 있다면 승부를 볼 수 있는 일이다.

국승철은 입사해 처음과 같은 자신감을 유지한 채 열심히 뛰더니 억대 연봉에 도달했다. 지금은 처음보다 더 성숙해진 보험설계사로 여전히 뛰고 있다.

그는 처음 남우진을 만났을 때, 남우진 정도는 금방 따라잡을 수 있다고 생각했다. 그만의 계획을 잡고 1년 안에 따라잡겠다는 각오도 보였다. 그러나 실제로 일해보니 남우진은 큰 산이었다. 입사 후 5년쯤 지나야 비로소 남우진이 본인을 인정할 것 같다는 생각이 들었다면서, 쉴 틈 없이 뛰었다고 한다.

지금 그는 입사한 지 5년도 훨씬 지났고 잘 정착했다. 친구 남우진으로부터 최고의 직업을 선물을 받은 거라고 말하기도 한다. 덩달아 초반에 면담을 한 나에게까지 고맙다며 번번이 구두를 닦아주고 있다.

국승철은 자신이 보인 자신감처럼 욕심이 많았다. 평범한 직장생활을 하기에는 에너지가 넘쳤다. 그는 어쩌면 항상 어딘가 가려웠던 게 아닐까. 그게 무엇 때문인지 몰랐지만, 친하게 지내던 친구가 이직을 하고 얼마 지나지 않아 자신 연봉의 세배를 받게 된 것을 보고 어디가 가려운지 알게 된 것이다.

남우진은 국승철의 가려운 곳을 정확하게 알려주고 긁어준 셈이다. 보험회사에 입사하고 시원함을 느낀 국승철은 오랜 시간 동안 동료로 함께하고 있다.

이렇게 가려운 곳을 찾고 긁어준 일은 국승철뿐만 아니다. 전 직장의 같은 부서에서 함께 일하던 최준영도 있다. 내가 먼저 퇴사했고, 최준영은 매형이 경영하는 부동산개발 사업에 뛰어들며 서울로 올라갔다. 한동안 바쁘게 움직이나 싶더니 전주에 내려와서 다른 부동산개발 사무실을 창업했다.

어느 날 함께 저녁 식사를 하던 중에 최준영이 물었다.

"부동산 개발업을 하다 보니 수입이 일정치가 않아서 옛날에 매월 급여 받던 시절이 그리울 때가 있어요. 형님 하시는 일도 매월 급여가 일정하지는 않죠?"

"아니. 약간의 차이는 있지만 매월 일정하게 나오는 편이야."

"보험 일도 그래요?"

"생각을 해봐. 자네도 해마다 자동차보험에 가입하잖아. 나한테 해마다 갱신하고 있고. 일정 시간이 지나고 고객이 늘어나면 관리하는 고객들의 자동차보험 만기가 돌아오니까 계속 일정 이상의 실적이 생겨. 어때? 자네도 겸업으로 한번 시작해보는 건."

나는 최준영을 늘 부지런하고 성실한 후배로 기억하고 있었다. 아침에 보험회사에 출근해 조회에 참석한 뒤에 부동산 사무실로 출근하면 될 것 같았다.

그리고 무엇보다 부동산 고객에게 보험 안내도 해주고 보험 고객에게는 부동산 정보를 알려주면 더 큰 효과가 있을 것 같았다. 후배는 내 제안을 받아들였고 함께 일하게 되었다.

지금도 내가 말했던 대로 오전에는 현대해상에 출근해서 교육에 참석한 뒤, 부동산 사무실에 출근하고 있다.

모든 일이 그렇겠지만, 직장인이 아닐 때 가장 큰 걱정은 불안정한 수입이다. 나는 후배가 안정적인 수입이 있기를 바라는 마음을 읽고 겸업을 제안했을 뿐이다.

이때 후배에게 가려운 곳은 불안정한 수입이었다. 그리고 나는 가려운 부분을 정확하게 긁어주고 좋은 결과를 만들어주었다.

우리 주위에는 가려움을 느끼는 리쿠르팅 후보자원들이 넘칠 만큼 많다. 그들은 더 큰 소득이나 자기계발 등 다양한 이유로 가려움을 느낀다. 그 사람들의 가려움을 우리가 긁어줄 수 있다는 건 얼마나 큰 행복인가. 내가 영업을 하면서 리쿠르팅을 염두에 두고 사람들에게 먼저 말을 꺼내면, 그들의 가려운 부분을 긁어줄 수 있는 일이 저절로 생겨나기도 한다.

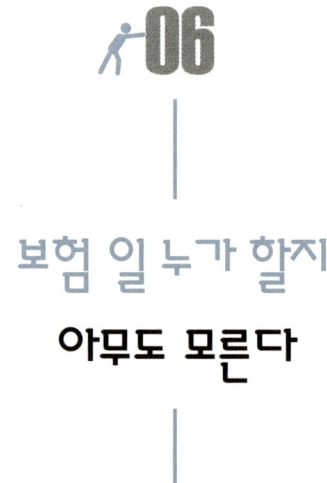

06

보험 일 누가 할지
아무도 모른다

이은수 2015.04.16 / 조건욱 2012.01.18

"제가 30대 초반부터 학생들에게 논술을 가르쳤었어요. 그때는 학부모들이 저보다 나이가 많았죠. 그런데 언젠가부터 학부모들이 거의 제 또래였고 시간이 더 지나니까 제가 학부모보다 나이가 많아졌죠. 제가 만약 학교 선생님이었다면 신경 쓰지 않았을 테지만 방문교사이다 보니 나이가 마음에 걸렸어요. 솔직히 말해서 저보다 한참 어린 학부모가 있는 집으로 방문하는 일에 자신이 없어졌어요."

내 고교 후배 이은수가 논술강사로 일하고 있을 때 이런 이야기를 들은 적이 있다. 처음 이런 이야기를 들었을 때 그 심정이 이해가 갔다. 그리고 결국 10년 넘게 근무한 교육 회사를 그만두었다는 소식을 듣게 되었다.

당시 40대 중반의 나이였고 직업 없이 쉬고 있을 수 없어 건축업에 뛰어들었다. 그저 돈을 벌기 위해 시작한 일이어서 그런지 어려움이 많았다고 했다. 오랜 시간 해오던 일이 논술을 가르치는 일이었기에 아이들 과외를 함께 했지만 충분한 수입이 생기진 않았다. 사진을 잘 찍는 기술도 있었지만 그게 직업으로 이어지지도 않았다.

나는 후배의 안타까운 사연을 듣고 가만히 있을 수 없었다.

"자네 소식을 들었네. 그리고 혹시 도움을 줄 수 있지는 않을까 생각해보았어. 나는 자네가 평생 할 수 있는 일을 찾았으면 해. 그래서 말인데 내가 지금 하고 있는 손해보험 일을 해보는 건 어떨까 싶네. 무엇보다 이 일은 평생 할 수 있는 일이야."

논술을 오래 배우고 가르쳐온 사람이기에 트레이너를 해도 되겠다는 생각이 문득 들었다. 전문가급 촬영 기술이 있으니, 여러 실력을 활용하면 고객들에게 도움을 주고 인정받을 수 있다는 생각도 했다.

나는 어린이집이나 중소규모 단체에 사진 촬영을 서비스로 제공해주면서 고객들과 좋은 관계를 맺게 된다면 보험영업에도 도움이 될 거라는 말도 덧붙여주었다. 내 말을 듣고 있는 이은수의 표정을 보니 조금씩 희망이 차오르는 것 같았다.

그렇게 이은수는 2015년 5월부터 나와 함께 일하게 됐다. 남들이 보면 늦은 나이일지 모르지만, 그렇게 중년으로 접어드는 나이에 직업을 바꾸고 새로운 삶을 시작하게 되었다. 그리고 14차 월이 지나는 현재, 나에게 평생 함께 일하고 싶다고 말할 정도로 즐거워하고 있다.

이은수는 현대해상에 근무하는 동안, 급여 날마다 내게 점심을 사겠다고 말했다. 함께 밥을 먹으면서 대화를 나누는 시간도 가질 수 있으니 일석이조인 셈이다.

그는 보험 일을 시작한 뒤 항상 카메라를 갖고 다니면서 사진을 찍어주는 봉사를 해오고 있는데, 내가 지난 4월에 한옥마을에서 부모님과 고향 어르신들에게 식사 대접을 했을 때도 찾아와 멋진 사진을 찍어주었다. 덕분에 나까지 고맙다는 말을 들었다.

이외에도 크고 작은 행사에서 사진사를 자처한다. 이렇게 수고해 주는 이은수 후배에게 고마우면서 미안한 마음도 든다. 그러나 무엇보다 이렇게 능력 있고 인성도 훌륭한 후배가 나와 함께 하고 있으며, 인연을 이어나가고 있다는 게 좋다.

이은수는 내가 일하는 모습을 지켜보고 직업을 바꾸는 걸 결정하게 되었다고 말했다. 10년이 넘던 경력을 두고 새로운 일을 시작한다는 게 쉬운 일은 아니었을 거다. 하지만 이은수는 결정을 내렸고, 직업을 바꿨다.

요즘에는 나이를 먹어서도 이전과 전혀 다른 직업으로 바꾼다는 이야기를 종종 듣게 된다. 나 역시 대학을 졸업하고 곧바로 보험을 시작했더라면 지금 다른 일을 하고 있을지도 모른다. 아니, 그럴 확률이 높다.

그러나 직업이 바뀌었다고 해서 그 전의 직장생활이 어딘가로 없어져 버리는 건 아니다. 이은수가 보험 일을 하기 전 10년이 넘는 시간 동안 얻은 사회 경험과 인맥들이 있었기에 보험 일도 착실하게 할 수 있게 된 것이다. 모든 경험은 그 어떤 일에도 밑바탕이 될 수 있다.

이런 이은수와 비슷한 사람이 또 있다. 후배의 조카였던 조건욱이다. 나는 광고업을 하던 후배 김정흠에게 "활달한 성격이 보험 일에 맞을 것 같다"며 보험도 큰 사업이 될 수 있다고 말해주었다. 보험의 미래와 비전에 대해 진지한 이야기를 나누었는데, 그는 자신보다 조카에게 적당할 것 같다며 조건욱을 소개해주었다.

조건욱은 당시 LH공사 계약직 사원으로 근무 중이었고, 평생 다닐 수 있는 직장을 찾고 있었다. 나는 그에 대해 강한 희망을 품고 있었다. 그를 만나서 보험이야말로 평생직장이 될 수 있고, 나도 오랜 시간 일하고 있지만 앞으로도 계속 일할 거라고 말해주었다. 조건욱은 그렇게 평생직업을 갖겠다는 다짐 아래 보험을 선택했다.

조건욱과 만나서 일하게 된 지도 벌써 4년이 되었다. 현재는 자신의 개인영업뿐만 아니라 신인들에게 도움을 주는 트레이너 역할까지 톡톡히 해낸다.

처음 보험 일을 시작할 땐 막연한 불안감이 생기고 상품을 설명하는 일에도 익숙하지 않다. 이럴 때 선배가 동행해주면 부담도 적어지고, 보험 일을 더 잘하게 되는 계기가 될 수 있다. 신입사원들에게는 천군만마와 같은 역할이 바로 트레이너다.

신입사원들이 잘 정착할 수 있도록 도움을 주는 역할은 아무나 할 수 있는 일이 아니다. 자기 일에 대한 자부심과 더 오랜 시간 일하겠다는 자신감이 있어야 가능하다. 내 기대가 작지 않았지만, 더 잘해주고 있는 그가 자랑스럽다.

우리 주변에는 현재의 일에 회의를 느끼거나 어떤 상황을 맞이해서 다른 직업을 꿈꾸는 이들이 많다. 이은수처럼 나이를 먹으면서 하던 일을 계속할 수 없다고 판단하기도 하고, 조건욱처럼 지금 일보다 더 안정적으로 평생 할 수 있는 일을 찾는 사람도 있다. 그들이 어떤 직업을 다시 선택할지 모르지만, 보험은 이들에게 새로운 대안이 되었다. 이 둘을 보면 직업은 얼마든지 바꿀 수 있고 그 일을 성공적으로 이어나가는 게 충분히 가능하다는 생각이 든다.

처음에는 보험과 관련이 없어 보였던 사람들이었는데 진지한 권유와 대화를 통해 인연이 되었다. 내 삶처럼 그들의 인생에도 '보험'이 추가된 것이다.

나이가 많든 적든 지금은 직업이 얼마든지 바뀔 수 있는 세상이다. 그들에게 도움이 될 것 같다면, 적극적으로 관심을 가지고 리쿠르팅하기를 바란다. 훌륭한 인재들이 나의 제안을 통해 더 멋진 삶을 갖게 될 수도 있다.

사람의 앞날은 아무도 모른다. 그리고 누가 보험 일을 선택할지도 아무도 모른다. 우리 주변의 모든 사람을 리쿠르팅 후보로 보아도 무리가 아니라는 이유다.

명장들의 기운을
나눈다

소현기 2012.04.06

    내가 직접 리쿠르팅을 하지는 않았더라도, 열정적으로 일하는 젊은 후배들을 보면 대견하다.

    운동으로 다져진 근육질 꽃미남 설계사 소현기는 열정만으로도 옆에 있는 사람의 기분까지 좋아지게 만들어주는 친구다. 그의 이력은 독특하다. 남들이 힘들어하는 최전방 수색부대에서 만기 전역을 했고, 특전사 부사관으로 자원입대한 뒤 자이툰부대 파병까지 가면서 두 번의 군대 생활을 한 이력이 있다.

    젊고 열정적인 모습이 기특해서 만날 때마다 현대해상의 대형 사원이 될 인물이라고 덕담을 해주었더니 나를 보험업계에서의 멘토라고 생각한다며 잘 따라주었다. 그의 부탁으로 2015년 11월에 그의 결혼식에서 주례를 설 정도로 가까운 사이가 됐다.

2013년 3월, 전주 한옥마을에서 현대해상 골드시니어 1기 모임이 있을 때였다. 골드시니어 모임은 회사 내에서 W-MBA 과정을 수료한 보험설계사 중에서 선발되기 때문에 대부분 실적이 높은 보험설계사들이다. 나는 그에게 실적이 좋고 유능한 회원들을 소개해주고 싶었다.

"오늘 시간 있으면 명장들의 기운 좀 받아볼래? 전주역과 고속버스터미널로 현대해상 명장들이 오는데 마중 나갔다가 행사장까지 모셔다드릴 수 있겠어?"
"네! 그럴 수 있다면 저는 영광입니다."

그는 기분 좋게 승낙했다. 나는 그의 차를 타는 골드시니어 회원들에게, 입사 9개월째인데 소득이 월 800만 원을 넘길 정도로 열심히 하는 후배이니 격려 좀 해주라는 당부도 잊지 않았다. 그는 내가 기대한 대로 그날 전주를 찾은 동료들에게 좋은 인상을 남겼다.
그 후 나는 연도대상 신인상 수상자로 선정된 그와 시상식장에 함께 참석하게 되었다.
내가 도입을 했든, 안 했든 결국 '관심'이 전부다. 열심히 밝게 뛰어다니는 모습에 덕담 몇 마디를 했을 뿐인데, 그는 더욱 즐겁게 달렸다. 이름이 소현기라서 그런지 그 친구를 생각할 때마다 소처럼 우직하면서 현명한 기운이 넘친다고 느껴진다.

누구나 저마다의 개성이 있고 추구하는 목적이 다르다. 그러면서도 공통점은 있다. 바로 관심받는 걸 좋아한다는 것이다. 특히 자신이 직접 도입을 한 사람이라면 관심 두는 것에 소홀함이 없어야 한다. 잘할 때 잘한다고 해주고, 힘들어할 때 자신이 힘들었던 이야기를 들려주며 위로해준다면 그는 분명히 내 관심을 인지할 것이다.

꼭 내가 도입한 사람이 아니어도, 같은 일을 하는 친구가 내 관심에 힘을 얻고 더 좋은 결과를 얻는 건 유쾌한 일이다. 나 또한 벤치마킹을 통해 선배들에게 영향을 받고 발전하지 않았는가.

나보다 늦게 시작한 후배에게 덕담을 해주거나 좋은 기운을 전달해주면 나에게도 바람직한 자세가 자연스럽게 갖춰진다고 믿는다. 내가 상대에게 조언이든 덕담을 해준 다음에 그저 지켜보기만 하겠는가. 작은 배려를 하나라도 더 해주게 된다.

꽃미남 소현기는 명장들의 기운을 소개해준 대가로 나를 존경한다며 대놓고 말한다. 그가 인사할 때마다 나는 후배에게 줄 수 있는 올바른 마음가짐을 저절로 갖추게 된다.

08

리스트

작성

나는 '기억하는 천재보다 기록하는 바보가 낫다'는 말에 동감해 모든 일을 종류별로 기록하는 편이다. 리쿠르팅 리스트도 마찬가지다.

계약을 목적으로 리스트를 작성하는 것처럼 발굴후보 리스트도 작성하는 습관을 갖는 것이 좋다. 앞에서 이야기한 사례들을 보면 지인이거나 우연히 만나 리쿠르팅한 것처럼 보이겠지만, 모두 그런 것은 아니다. 그들 중에는 내 휴대전화기 속 리쿠르팅 후보자 리스트에 있는 경우도 많았다.

내 휴대전화기에는 '리쿠르팅 리스트'가 따로 있다. 현재 36명이 저장되어 있는데 이들에게는 공통점이 있다. 기본적으로 내가 좋아하고 관심을 갖는 사람들이라는 것이다. 물론 내가 아무리 좋아한다고 무조건 그들에게 보험을 함께하자고 제안하지는 않는다.

대부분 주부와 자영업자인데, 수입이 일정하지 않은 사람들이다. 그리고 공통점이 하나 더 있다. 모두 대인관계가 원만하고 열정이 있다는 것이다. 다들 알겠지만 대인관계가 좋고 열정이 있다고 해서 좋은 직장과 안정된 수입이 보장되는 건 아니다.

리쿠르팅 리스트를 소지하고 다니다 보면 그들에게 한 번씩 연락도 하게 되면서 자연스레 친밀감이 높아진다. 리쿠르팅 후보를 기록해놓고 평소에 관심을 갖는다면, 어쩌다 만날 기회에도 근황을 체크해가며 함께 일하자는 제의를 할 수 있다.

후보 명단에 있던 사람이 도입이 되고 정착까지 하면 리쿠르팅 리스트에서는 삭제가 된다. 그리고 그는 나의 '동료'로 바뀌게 된다.

리쿠르팅에서 중요한 건 리쿠르팅 자체를 하나의 실적으로 보는 단계를 넘어야 한다는 것이다. 내 실적이 아니라, 그들의 삶이 바뀌는 것에 집중해야 한다. 그동안 나를 통해 높은 연봉을 받게 된 후배들도 많고 평생직장을 만난 기쁨에 감사해 하는 이들도 많다. 긍정적이고 발전적인 공통점을 가지고 있는 그들에게 평생 할 수 있는 일, 더 나아가서는 조금 더 높은 소득을 알려주는 일을 귀찮아하면 안 된다.

우리가 하는 일은 인생이 바뀌는 확률이 높다. 나부터 그랬고 나를 통해 일하는 많은 동료가 그렇다. 손안에 있는 리스트 하나에 관심을 갖게 되고, 그들이 보험 일을 결정하는 순간을 경험했다.

우리가 보내는 자투리 시간은 얼마나 많은가. 휴대전화기 속에 있는 리쿠르팅 리스트를 보는 시간은 1분도 채 걸리지 않는다. 이렇게 빠르게 확인할 수 있는 리스트마저 없다면 지금이라도 작정하고 만들어보자.

시간이 날 때마다 명단 안에 있는 한 명, 한 명을 체크해보자. 소홀하게 넘기지 말아야 하고, 혹은 리스트에 없더라도 지인을 통해 변화될 사람이 있는지 물어보는 것이다. 내 경우도 리쿠르팅 후보 리스트와 상관없이 그들의 친척, 선·후배를 소개받아서 함께 일한 경우도 많아서이다. 결국은 모든 지인과 고객이 나에게 리쿠르팅 인원을 소개해 줄 협력자라는 걸 상기해야 한다.

이렇게 누구에게나 제안하려면 전제되어야 할 조건이 있다. 우선 사람들에게 '잘 보여야 한다'는 것이다. 내가 즐겁게 열심히 일하는 모습을 본 고객들은 저절로 보험 일에 관심이 생기거나, 소개해주고 싶은 사람들이 생긴다. 그러다 누군가 보험에 관심을 보이면 즉각 명단에 올려놓는 것이다.

나는 책을 쓰면서 리쿠르팅에 관련해 새로운 목표가 생겼다. 거창할 수도 있는 목표지만 지금까지 해온 결과를 봤을 때 더 크게 욕심내고 싶다는 생각도 든다.

다름 아닌 '앞으로 1년에 두 명씩은 리쿠르팅을 해야겠다'이다. 정년 없는 일자리 창출에 기여하고 평생직업으로 행복한 마음을 느끼는 그들의 모습을 보며, 오늘도 나는 리스트를 점검해본다.

말더듬이
연도대상

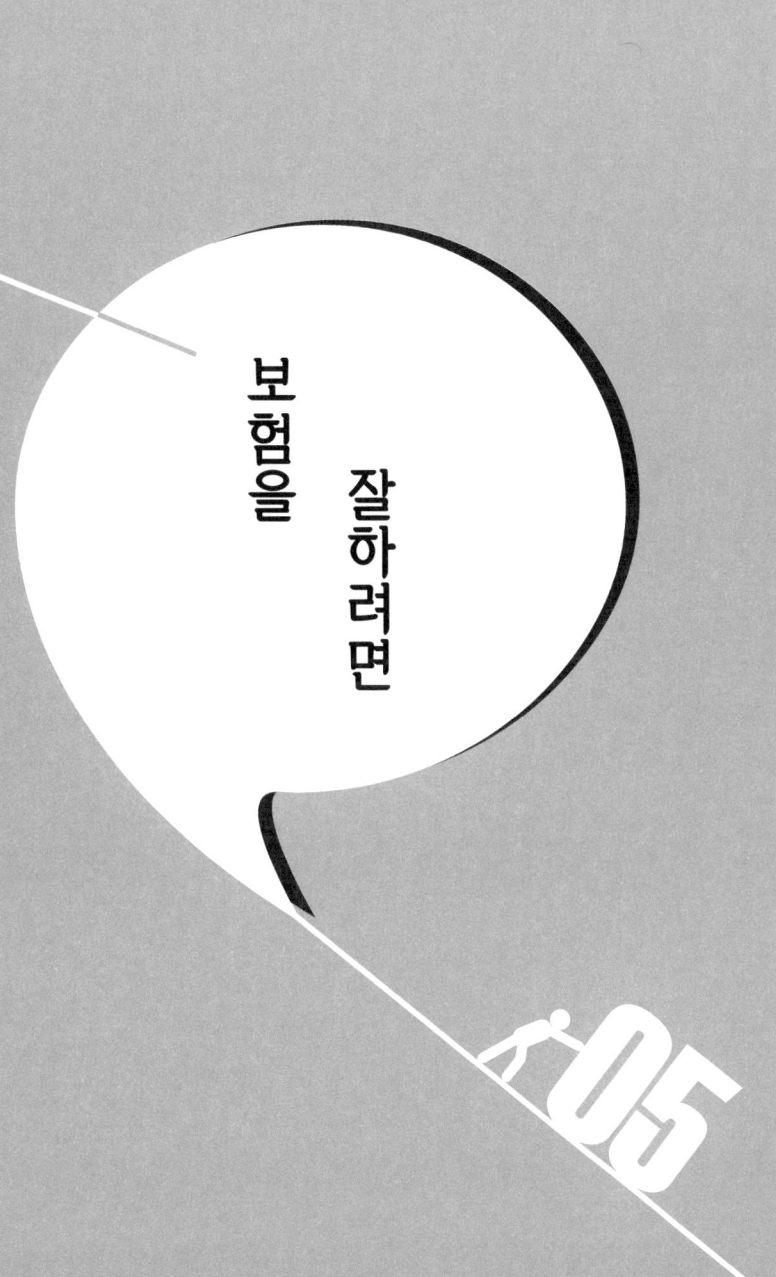

보험을 잘하려면

05

벤치마킹

보험은 계약자를 늘리는 게 최고다. 하지만 태어날 때부터 보험 판매를 아는 사람은 없다. 우리가 처음 한글을 배울 때도 부모님이나 선생님 덕분에 알게 되었듯, 새로운 일에서도 나만의 선생님을 찾으면 더욱 빠르게 일을 배울 수 있다.

처음 보험 일을 시작할 땐 어떻게든 될 거라고 생각했지만, 전혀 쉬운 길이 아니었다. 지인들이 많은 편이었던 나도 힘들었는데, 다른 설계사들은 얼마나 힘들었을까 싶은 마음으로 버티기도 했다.

나는 보험 일에서 선생님을 만드는 방식으로 벤치마킹을 선택했다. 벤치마킹은 기업에서 경쟁력을 갖추는 방법으로, 타사에서 기술을 배워오는 방식이다. 일부에서는 이 단어를 복제, 모방으로 생각하기도 하지만, 그것과는 엄연히 다른 기술이다. 상대의 장·단점을 분석해 나만의 방법으로 만드는 것, 이게 진정한 벤치마킹이다.

나 또한 처음부터 벤치마킹에 관심을 두었다. 입사한 다음 해부터 분기에 하루 정도는 벤치마킹을 위한 시간을 만들었다. 내가 지금까지 많은 설계사를 찾아다니며 알게 된 벤치마킹을 정리하면 이렇다.

하나, 고액 계약에 도전하라

2000년 11월 어느 날, 합동조회 시간에 시상식이 있었다. 나도 연도대상 신인상 후보로 거론되던 시기였으니, 어느 정도의 실적을 유지하고 있을 때였다. 그런데 다른 지점에 나보다 두세 배 높은 실적을 올리며 상을 받는 설계사가 있었다.

나는 수소문 끝에 어떤 설계사인지 알게 되었다. 전주 창성대리점 이승환 대표였고 당시 명문고 출신에 제약회사를 다녔다는 정보까지 듣게 되었다. 당시 우리 영업소와 거리가 떨어져 있어 전화부터 했다.

"안녕하세요. 직역영업소 이운영입니다. 이승환 대표님 좀 바꿔주시겠습니까?"

곧이어 나지막하고 점잖은 목소리가 들려왔다.

"전화 바꿨습니다. 이승환입니다."

"예. 안녕하세요. 저는 직역영업소 이운영이라고 합니다. 합동조회 때마다 대표님 실적을 보고 시상 받는 모습을 자주 지켜봤습니다. 대단하십니다. 대표님을 찾아뵙고 도움되는 말을 듣고 싶습니다. 오늘이나 내일 중에 어느 시간이라도 좋으니 시간을 내주시면 감사하겠습니다."

"무슨 말인지는 알겠지만 저는 그렇게 조언해줄 정도의 사람이 못 됩니다."

이승환 대표는 점잖게 거절했다. 전화를 걸기까지 큰 용기를 냈는데 이대로 물러날 수 없었다. 한 번만 만나달라고 간곡하게 부탁했다. 결국 마지못해 사무실로 오라는 이야기를 들을 수 있었다.

나는 전화를 끊자마자 달려갔다. 그가 근무하는 사무실 사람들이 나만 보는 것 같았다. 얼굴이 금세 붉어졌다. 명색이 같은 일을 하는 사람인데, 배우러 왔다는 게 조금은 창피한 일처럼 여겨졌다. 게다가 처음에는 내 요청을 거절하지 않았는가.

그러나 내 복잡한 마음과 다르게 이승환 대표는 나를 반갑게 맞이해주었다. 상담석으로 안내한 뒤 칭찬의 말부터 해주었다.

"젊은 사람이 열정이 대단합니다. 꼭 성공하시겠습니다."

이승환 대표는 전화 통화와 사무실 방문이 전부였던 나에게 열정이 대단하다며 칭찬부터 했다.

"아닙니다. 별말씀을요. 어떻게 하면 대표님처럼 실적을 많이 올릴 수 있는지 궁금합니다."

"딱히 노하우는 없지만 이 멀리까지 찾아오셨으니 제가 하는 스타일만 말씀드리겠습니다. 저는 다른 설계사처럼 적은 금액의 계약을 많이 체결해 높은 실적을 올리기는 어렵다고 판단했습니다. 그래서 많은 계약보다는 한 건의 계약을 위해 노력했죠. 적은 금액 한 건, 한 건으로 계약 수를 늘릴 때보다 다섯 배, 열 배 높은 금액 한 건을 성사시키면 그만큼의 실적이 되는 거니까요. 바로 고액 계약이 제 비결입니다."

고객은 항상 돈이 없고 보험료 낼 여유가 없을 거라고 미리 결론 내렸던 나에게는 이승환 대표의 말이 충격적으로 다가왔다. 그러나 쉽게 생각하면, 보험료를 합리적으로 설계해야 한다는 말과 다르지 않았다.

고객마다 필요한 보험은 제각각이다. 만약 10억짜리 건물을 가진 고객에게 화재보험으로 1억이 보장되는 상품을 추천한다면? 그리고 그 고객이 정말 가입을 한다면? 여기까지는 좋다. 달마다 납입하는 돈이 적으니 말이다. 하지만 그 고객에게 사고가 난다면 어떻게 될까? 고객이 가입한 그 보험은 쓸모없어진다. 원래 있던 재산의

10%만 보장받기 때문이다. 위험에 대한 대비책이라는 보험의 의미가 사라져버린다.

이렇듯 단순하게 고객의 보험료를 아껴주기 위해서 낮은 보험료만 안내한다면, 사고가 났을 땐 원망만 남게 된다. 내가 해야 하는 일이 한 치 앞도 모를 고객의 위험를 대비하는 일이라는 빈말만 떠든 셈이다.

고액 계약은 또 다른 장점이 있다. 바로 원금에 가까운 환급금을 받는 방향으로 만들 수 있다는 점이다. 노후 준비는 연금으로만 하는 게 아니다. 보험 만기 때 받는 보험금으로도 가까운 미래에 필요한 목돈을 준비할 수 있다. 나는 고객에게 필요한 보장만큼 안내해야 한다고 생각을 바꿨다. 그러자 자연스럽게 고액 계약이 필요한 고객이 떠올랐다.

"사장님의 퇴직금으로 생각하세요."
"사무실 이전 비용으로 활용하세요. 혹은 다른 직원들의 퇴직자금이라고 생각하시면 어떨까요?"

보험을 어떻게 설계해야 하느냐 만큼 말을 어떻게 하느냐에 따라서 고객의 반응도 다르다. 화법에 따라 수긍할 수 있는 것과 없는 것이 생긴다고 해도 과언이 아니다. 나는 그때그때 고객의 상황에 맞는 말을 따로 준비했다.

그리고 고객의 뒤에서는 고액 보험에 대해 따로 공부했다. 그러자 고객에게 더 이득이 되는 보험이 보이기 시작했다. 이걸 깨달은 순간부터는 의식적으로 고액 계약을 위한 접근방식을 준비하고 계약으로 이끌었다. 나는 이후에도 많은 벤치마킹을 시도하고 따랐는데, 이승환 대표의 방식은 벤치마킹으로 얻은 최초의 결과물이었다.

그날 이후 이승환 대표와는 절친하게 지내며 덕담과 정보를 공유하는 사이가 되었다. 나는 내 보험의 콘셉트를 만들 수 있도록 해준 이승환 대표를 형님으로 모시고 있고, 이승환 대표 역시 그런 나를 챙겨주신다.

상대에게 무엇인가를 배우면 일의 효율성만 남는 게 아니다. 이렇듯 관계라는 귀한 선물도 받게 된다.

둘, 단기계약을 장기계약으로 바꿔라

수원 한국제일대리점 김국섭 대표는 공장 화재보험 전문 영업으로 유명하다. 그걸 증명하듯 연도대상 대상 2회를 포함해 총 13회나 연도대상을 수상했다. 나는 김국섭 대표를 만나 대화를 하고 싶었지만, 김국섭 대표는 본사 교육도 자주 참석하지 못할 정도로 바빠 만나기가 쉽지 않았다.

여러 차례 전화를 시도하고 동료 설계사나 지점장을 통해 연락을 요청했지만, 여전히 연결은 어려웠다. 그렇게 지속적으로 노크를 하다가 수원 지역에서 오래 근무했던 분이 전주에 발령이 나면서 드디어 만날 수 있는 기회가 생겼다.

2012년 4월, 통화를 먼저 하게 됐다.

"안녕하세요, 이운영입니다. 여러 차례 뵈려고 시도했었는데 대표님이 너무 바빠 기회를 만들지 못했습니다. 대표님 시간만 허락해 주신다면 언제든 뵙고 싶습니다."

전화상으로 흔쾌히 만남을 약속받았고, 나는 드디어 김국섭 대표를 만나게 되었다.

"대표님은 화재보험 위주로 영업을 한다고 들었습니다. 어떤 방식으로 하시나요?"
"저는 공장 화재보험 위주로 하고 있습니다."
"공장 화재보험은 한계가 있지 않나요?"
"개척 영업을 하는 수밖에 없지요."

여기까지 별스럽지 않은 이야기면서도 의아스러웠다. 왜냐하면 대부분 공장 앞에는 경비실이 있어서다. 외부인이 공장 문을 무사통과 하기란 어려운 일이다. 나는 어디선가 따로 정보를 받을 거라고 예상했는데 빗나간 예상이었다. 오로지 개척만으로 그렇게 큰 실적을 올릴 수 있다는 게 신기할 뿐이었다.

"혼자 하는 건 어려울 때가 많아 파트너를 만들어 영업했고 지금은 익숙해져서 혼자 하고 있습니다. 무엇보다 중요한 건 장기화재보험을 먼저 제안하는 것입니다. 만약 장기 가입을 부담스러워 하는 분들에게는 소멸성인 일반 화재보험을 안내합니다."

나도 화재보험을 전문으로 한답시고 열심히 뛰었지만 생각지도 못하고 간과한 부분이 있었다. 다름 아닌 보험 기간이었다. 나는 주로 3년이나 5년 납으로 계약 받고 만기가 되면 재계약을 받았는데, 김국섭 대표는 10년 납으로 계약을 받는다고 했다. 장기로 했을 때 고객에게 돌아가는 만기환급률이 원금에 가깝게 나온다는 걸 고객에게 안내하면 대부분 10년으로 계약을 하게 된다는 것이었다.

"저는 장기계약을 받더라도 3년, 5년을 받았는데 어떻게 10년이라는 장기계약을 받을 수 있었나요?"
"이운영 대표는 암보험이나 실비보험을 받을 때 단기로 받나요? 고객들은 이미 10년 납 100세 만기에 익숙해져 있습니다. 먼저 제안을 해보는 것과 안 하는 것은 달라요. 고객에게 먼저 물어보세요. 이운영 대표가 생각하는 기간을 제시하지 말고, 여러 다양한 기간을 말해주고 고객이 선택할 수 있도록 해주세요."

내 딴에는 고객의 입장으로 생각하고 '장기간은 부담스럽지 않을까?' 하는 판단에 제안도 안 했던 부분이었다. 고객은 장기간 내야 하는 보험료를 부담스러워 한다는 내 속단이었다. 그러나 모든 선택은 고객의 몫이다.

나는 2012년 4월 이후부터 매달 공장을 운영하는 사업자에게 100만 원 이상, 10년 장기화재보험을 한 건 이상 받겠다는 목표를 정하고 실천하고 있다.

조금 높은 목표라고 겁을 낸 것도 잠시였다. 놀라운 건, 고객에게 안내하고 제안했더니, 많은 고객이 만기환급률이 높은 장기계약을 선택했다는 점이다. 김 대표를 벤치마킹한 후 점점 눈에 띄는 효과를 보게 되었다.

셋, 시장 흐름 파악하기

부산 하이캅키즈 김상훈 대표는 어린이집을 대상으로 보험영업을 한다. 매번 상위권에 머무르는 실적이기에 좋은 정보를 얻을 수 있을 거라 생각했다. 나는 김상훈 대표를 만나러 부산으로 가서 어린이집 대상으로 영업하게 된 계기에 대해 자세히 물었다.

자동차를 구입하고 운전하기 전에 자동차보험 가입 의무가 필수인 것처럼 어린이집에도 필수 보험이 있다. 바로 학원경영자배상 책임보험과 음식물배상 책임보험, 가스배상 책임보험이다. 게다가 어린이집 대부분도 건물, 집기, 비품, 인테리어까지 보장되는 화재보험에 가입한다. 이 필수 보험 시장에 김상훈 대표는 일찍 뛰어든 것이다.

어린이집 계약이 증가하던 때였으니 나도 고객을 늘릴 생각으로 배웠다. 김상훈 대표의 노하우를 빌려 개인을 만나러 다니는 시간 사이사이에 어린이집을 다니기 시작했다. 집중적으로 어린이집을 공략하면서, 어린이집과 관련된 다양한 일을 터득해나갔다.

그렇다면 아직도 이 보험을 전문적으로 판매하느냐? 그건 아니다. 물론 당시 전라북도에는 1,600여 개의 어린이집이 있었다. 하지만 나의 주요 보험 계약처로 만들지 않은 이유는 따로 있었다.

내 활동 지역인 전라북도에는 어린이집을 상대로 하는 설계사가 많았고 이미 누군가가 점유하고 있는 시장이었다. 또한 어린이집 공제조합이 생기면서 개인 보험설계사를 통해 가입하는 어린이집이 줄어든 이유도 한몫했다.

보험에도 흐름이라는 게 있다. 상품의 다양성에 따라, 고객의 기호에 따라, 흐름을 미리 파악하고 그 시장에 접근해야 한다. 그러나 내가 어린이집을 알았을 땐, 이미 시장 흐름에 끼어들기엔 늦었다는 판단이 섰다.

벤치마킹이라는 건 한 사람에게만 배우는 게 아니다. 오히려 다양한 사람을 만나봐야 한다. 누군가가 선택했듯이 내가 선택할지도 모를 일이기 때문이다. 만약 그 방법이 나와 맞는다면 선택을 하고 집중을 해야 한다. 그러나 맞지 않는다면, 그건 그대로 버려야 한다. 괜히 붙잡고 있다면, 내 고객을 만날 시간만 뺏길 뿐이다.

내가 제대로 시작하지 않은 어린이집을 예로 들은 이유는 따로 있는 게 아니다. 어린이집을 떠나, 어느 단체나 직종이든 한 곳만 집중해서 실행해보라고 조언해 주고 싶기 때문이다. 어떤 한 곳에서 전문가가 된다면, 자연스럽게 높은 실적과 높은 수익을 올릴 수 있다고 확신한다. 대신 앞서 말했듯 그 선택은 시장의 흐름을 읽은 뒤여야만 한다. 그래야 지치지 않고 진정한 전문가로 살아남을 수 있다.

넷, 무조건 가입해야 하는 자동차보험

자동차보험은 해마다 만기가 돌아오는 보험이다. 내가 보험회사에 17년을 근무하는 동안 나를 통해 자동차보험에 가입한 고객이 한 명도 안 빠져나가고 꾸준히 갱신했다면, 많게는 매월 수백 대 넘게 재가입을 받고 있을 것이다.

나름 매해 만기가 돌아오는 자동차보험을 소홀히 하지 않으려 노력하지만, 현실은 내 노력을 반영하지 못한다. 예상대로라면 수백 대가 재가입 되어야 하지만, 백 대 수준에서 그치고 만다.

나는 자동차보험을 많이 하는 선·후배들을 찾아 나섰다. 천안의 남상분 대표, 대전의 최길수 대표가 자동차보험에서 단연 뛰어난 실적을 보이고 있었다.

그들과 여러 번 만나 이야기를 나누다 보니, 간단한 노하우가 있다는 걸 알아챘다. 그들은 고객관리와 사고 처리에 뛰어난 기량을 가지고 있었다. 고객들이 가장 감동하는 건 결국 관심이다.

설계사는 고객에게 필요한 순간에 등장해야 한다. 앞서 말한 설계사들은 고객이 어려움에 부닥쳤을 때 가족처럼 함께한다는 약속을 지켰다.

해마다 만기갱신을 하게 되는 자동차보험만 잡아도 큰 수확이라고 생각할 수 있다. 그러나 전국적으로 자동차보험을 많이 가입시킨 사람들 대부분은 자동차 대리점과 연계해서 영업하는 사람들이다. 당연히 가입자가 많지만 계약을 유지하기 위해 대리점과의 관계도 신경을 써야 한다. 간단하지만 신경 쓸 일은 다른 보험만큼이나 많다.

자동차보험만으로 경쟁에서 살아남기는 힘들다. 앞에서도 말했듯 다음 해에 반드시 나를 통해 재가입을 할 거라는 보장이 없는 보험이기도 하다. 그러나 꾸준히 자동차보험을 전문으로 하는 설계사가 존재하는 이유는 그만큼 계약 발생이 쉽기 때문이다. 소멸성 상품이라는 건 이렇게 단점이 보이다가도, 장점이 부각되기도 하고, 다시 그 반대가 되기도 한다.

그렇다면 단점을 장점으로 바꿀 방법은 없는 것일까? 분명하게 있다. 바로 연계 가입 방법이다. 자동차보험에 가입하는 고객은 과연 자동차보험만 가입할 것인가? 그렇지 않다. 누구나 보험에 대한 관심은 약간씩 존재한다. 자동차보험이든 기타 보험이든 나와 계약을 하면, 상대의 정보를 대략 파악할 수 있다. 결혼의 여부, 자녀의 유무 등 단순한 인적사항까지 말이다. 그렇다면 쉽게 다른 보험으로 연계할 수 있다. 그 고객에게 맞는 보험을 추천할 수 있기 때문이다.

이불을 뒤집을 때 한쪽만 잡아서는 안 된다. 양쪽을 잡아야 한다. 양쪽 팔에 힘을 주고 해야 하는 일이다. 이렇게 양팔을 이용하듯 자동차보험 하나가 아닌 다른 장기 보험을 연계했을 때 실적은 탄력받기 마련이다. 이렇듯 자동차보험 고객을 장기보험 고객으로 접근하는 노하우를 가져야 한다.

나도 연계의 중요성을 매번 깨닫지만, 늘 쉽지 않다. 현재 내 앞에 있는 고객들에게 당장 필요한 보험을 설계하다 보면, 연계는 뒷전으로 미뤄지기 때문이다. 보험 연계 계약은 설계사의 기본이다. 이론이 분명한 만큼, 보험 일을 시작할 때 가장 처음 시도하는 방법이라고 볼 수 있다. 이 책을 보는 다른 설계사들은 이 중요성을 깨닫고, 나보다 더 나은 실적을 올렸으면 한다.

내가 위에서 언급한 자동차보험 전문 설계사들은 고객이 필요한 순간에 언제나 함께하는 것 외에 연계 설계까지 잘하는 베테랑 중의 베테랑이라고 할 수 있다.

이렇게 계약 발생이 쉬운 자동차보험을 활용하고 싶다면, 가만히 앉아 머릿속만 들여다보지 말고 시간이 날 때마다 중고 자동차 판매점이나 대리점에 가 보는 성의가 필요하다.

연결 계약을 늘 염두에 두고, 내 고객에게 장기보험을 권해보는 연습을 해보자. 이건 생각이 아닌 행동으로 시도해야 하는 일이다.

다섯, 대출도 고객에게 이익이 된다

　사무실 건물이며 길거리마다 대출 전단이 난무하는 걸 보면 누구나 돈의 필요성을 느낀다는 걸 알 수 있다. 전단에는 자극적인 문구가 가득하다. 나와 멀리 떨어져 있는 이야기 같지만, 내 고객들이 보험계약대출 문의를 할 때는 피부에 와 닿기도 한다.

　보험에서 하나의 실적 방법을 꼽자면, 바로 대출이다. 보통 사람들은 보험을 통한 대출을 의아해한다. 그러나 대출은 필요할 때 합법적으로 돈을 빌리는 것이다. 고객에게 이익을 주고, 나에게도 소득이 되는 일이 바로 보험 일의 '전부'라고 해도 과언이 아니라고 했을 때 어떻게 대출이 고객에게 긍정적인 영향을 끼칠 수 있을까? 내가 말하는 건 대출이 필요 없는 고객에게 억지로 대출을 강요하라는 게 아니다. 고객이 필요하다고 했을 때, 안내하는 대출을 말하는 것이다.

　대출 이율은 다양하다. 은행이나 기타 금융기관, 개인의 신용에 따라 다르기도 하다. 고객이 대출을 받았다고 가정했을 때, 보험회사에서 제시하는 이자보다 비싼 이자를 내는 고객이 있다면 나는 그 고객을 도와줄 수 있다. 우리 회사의 더 낮은 이율로 안내해 준다면, 그 고객에게 당장 눈앞에 이익을 주는 결과가 나타나게 된다.

전주의 이일범 설계사는 서울은행에서 20년 근무하고 명예퇴직한 뒤 현대해상에 입사했다. 현재 아파트 대출 위주로 영업하고 있는데, 실적이 높아 억대 연봉을 받고 있다.

처음 이일범 설계사가 보험 일을 시작할 때, 여타의 사람처럼 개인영업을 준비했다. 그렇지만 한 명, 한 명 고객을 늘리는 건 어려운 일이었다.

늘 벽에 부딪히면서 고민하던 중 '나만의 차별화된 아이템'이 있다면 좋겠다는 생각을 했다. 그리고 은행에서 오래 일을 했던 자신의 경험을 더 살릴 수 있는 게 있다면 좋겠다고 생각하던 중에 보험사 대출을 발견했다. 보험이라고 하면, 무조건 재산과 건강 보장만 생각하기 쉽지만 보험은 그게 전부가 아니다.

이일범 설계사는 자신의 방법을 확신했다. 그리고 이전처럼 개인을 찾아다니는 게 아닌, 공인중개사를 찾아다녔다. 바로 대출을 자신의 영업 전략으로 선택했기 때문이다. 그렇다면 왜 공인중개사를 찾아다녔을까? 이유는 간단했다. 보험은 일반 금융업과 다르다. 일반 은행은 공장이든 빌라든 어느 건물이라도 감정가를 산출해 대출이 가능하지만 보험회사는 공시 정보가 명확한 아파트만 담보대출이 가능하다.

공인중개사는 사람들이 아파트를 이용해 대출을 받기 전, 시세를 확인하기 위해 제일 먼저 찾는 사람이다.

보험사 대출은 일반 금융사보다 경쟁력이 있었다. 그는 은행원 출신이라 이 부분을 더 잘 알고 있었고, 자신만의 장점으로 만들기로 했다. 그렇게 공인중개사들을 찾아다니며 많은 대출 실적을 올렸고 지금은 현대해상에서 아파트 담보대출 전문가가 됐다.

나는 새로운 영역을 개척해보겠다는 마음으로 이일범 설계사를 만났지만 대출을 전문으로 영업하지는 않았다.

내가 실적을 위해 이 방법을 활용할 수는 없었지만, 그럼에도 역시 중요한 걸 얻었다는 건 마찬가지다. 이렇게 하나 더 알았다는 점이다. 필요한 고객에게 안내할 수 있도록 배웠다는 것만으로도 충분한 소득이다.

여섯, 가족보험 전문 설계사

나와 가까운 지역에서 활동하는 정읍 근하대리점 최순자 대표가 있다. 최 대표는 자동차보험을 꾸준히 많이 하고 있기에, 나는 잘 배우기 위해 노력하고 있다.

최 대표는 소액이라도 여러 건의 신계약을 받는데 무려 월 30~40건의 계약을 받는 설계사다. 정읍이라는 소도시에서 꾸준한 실적을 낸다는 건 대단한 일이다. 서글서글한 성격으로 주변 설계사들과 관계도 좋다. 이 성격은 비단 설계사들 사이에서만 유명한 게 아니었다. 고객들 사이에서도 유명하다.

고객과의 친밀감은 그 어떤 화법으로도 이길 수 없다. 나는 최순자 설계사만의 노하우를 들어봤다.

최순자 대표는 주부로서 지내온 삶이 있어, 주부로서, 아내로서 그리고 아이의 엄마로서 모든 감정을 다 공감할 수 있다는 강점이 있다. 최 대표는 같은 연령대 혹은 가정에 있는 주부의 마음을 잘 읽어냈다. 그래서인지 고객들과 금방 친하게 지냈다.

고객과 친밀한 관계가 유지되면 계약은 줄줄이 뒤따라온다. 특히 나 대부분 가정에서 보험과 관련된 일은 엄마가 처리하는 편이 많지 않은가. 엄마들과 금세 친밀해지는 자신의 장점을 통해 한 명의 고객이 아닌, 주변의 가족까지 고객으로 늘리고 있다.

사람들은 보통 이런 연결 가입이 쉬울 거라고 생각한다. 하지만 보험마다 특징이 있듯, 가족 구성원의 연령대마다 필요한 보험이 있다. 겉보기에만 친밀한 설계사로 지내지 말고, 진심으로 그 가족을 들여다봐야 한다. 그러고 난 뒤 그 가족에게 필요한 보험을 찾아주는 일이 연결 계약의 핵심이다.

최순자 대표는 고객의 마음에 '온 가족의 보험을 관리해주는 나만의 설계사'라는 이미지를 심어줌으로써 가족보험 전문 설계사로 자리매김할 수 있었던 게 아닐까 싶다.

어떻게 연결 계약을 해야 할지 어렵다면, 내 고객의 가족을 들여다보는 습관을 지녀야 한다. 가족 계약은 여러 건의 계약을 최소한의 시간으로 한 번에 받을 기회다.

02

나만의
콘셉트

보험을 처음 시작할 때는 가족, 지인부터 찾아가기 마련이다. 나 역시 예외는 아니었다. 그러나 가족과 지인 영업은 한계가 있다. 제일 믿었던 이 영업 방식이 끝나면 누구나 힘들어한다.

단호하게 말하자면, 지인 영업은 이미 끝난 시장이나 다름없다. 대부분 지인에게는 보험 일을 하는 다른 지인이 있거나, 이미 누군가의 고객이 되어 있기 때문이다. 이때 지인보다 중요한 걸 노려야 한다.

"이제 막 보험을 시작하는데요, 뭐가 제일 중요하죠?"

이런 질문은 매번 듣는 것들이다.

"벤치마킹을 많이 해서 나에게 맞는 콘셉트 영업을 만드는 게 유리합니다. 그게 바로 보험을 오래 할 수 있는 지름길이기도 하고요. 그리고 선택한 방법에 집중해야 합니다."

내가 강조하는 1순위는 지인이 아니다. 이왕 시작하게 된 보험 일을 오래 지속하기 위해서는 내가 잘할 수 있는 콘셉트를 찾는 게 무엇보다 중요하다.

내 경험을 이야기하자면 1999년부터 5년 동안 거의 지인 영업을 했다. 다행히 이전 직장에서 인사과장을 지냈을 때, 알고 지낸 직원이 천 명이 넘어 오래 버틸 수 있었다. 물론 지인은 큰 힘이다. 그러나 스스로 더 이상 지인에게 보험계약을 받을 수는 없다고 판단할 때는 이미 바닥을 친 상태다. 나 또한 마찬가지의 상태에 도달한 적이 있었다.

불안한 생각이 덩치를 키우고 있었지만, 해결책은 없었다. 나름의 해결책으로 나에게 맞는 콘셉트를 찾기 위해 전국을 돌아다니며 벤치마킹했지만, 실행에 옮기지 못하거나 나에게 잘 맞지 않는다고 생각한 것들도 많았다. 하지만 나에게 맞는 콘셉트를 찾는 것은 보험영업의 필수였다.

나는 곰곰이 생각했다.

'내가 잘할 수 있는 건 어떤 콘셉트일까?'

벤치마킹한 여러 가지 콘셉트 중에 나에게 가장 잘 맞는 방법에 전념해보기로 마음먹었다. 나는 화재보험과 자동차보험을 선택했다. 그 방법이 내가 계속 보험을 잘해낼 수 있는 '나의 일'이 될 거라는 기대감이 컸다.

무엇보다 만기가 가장 빠르게 돌아오는 자동차보험은 꾸준히 밀어붙일 만한, 꽤 매력적인 분야였다. 이미 지인 영업이 불가능한 상태였지만, 자동차보험은 계속 재계약이 필요했고 타 보험사의 고객도 나의 새로운 고객이 될 수 있으니 관심을 두기에 충분했다.

'그래! 나와 맞지 않는다고 판단되는 일을 잘하려고 애쓰기보다 내가 잘할 수 있는 일에 집중해보자!'

각오가 이전과는 남달랐다. 일단 가장 쉽게 접근할 수 있는 자동차보험을 필두로 열심히 명함을 뿌렸다. 고객관리를 위해 자주 통화하고 만났다. 시작은 미약했지만 하루하루 계약서가 쌓여가면서 자동차보험료로만 월 5천만 원을 계약할 수 있게 되었다.

화재보험도 마찬가지였다. 나는 자동차보험을 하면서 틈틈이 재물보험 전문가들을 만났다. 그 덕분에 재물보험은 나에게 가장 자신 있는 상품이 되었다.

나는 단순하게 재물보험만 계약하지 않았다. 여러 사람을 만나면서 알게 된 전문가들을 통해 고객들에게 필요한 중소기업 관련 자료나 정보를 주며 신뢰를 쌓았다. 지금은 고객의 경영컨설팅까지 해주며, 나름 전문가라는 대우까지 받고 있으니 절로 미소가 지어지는 일이다.

누구에게나 자신에게 맞는 콘셉트가 있다. 굼벵이도 구르는 재주가 있다는데 하물며 사람은 얼마나 대단한 재주가 내재되어 있겠는가.

고객을 개척하는 방법, 소개받고 계약하는 과정을 보면 안다. 모두가 똑같은 방법을 사용하지 않는다는 것을 말이다. 보험회사에서 내로라하는 연도대상 수상자들이 모든 상품을 다 잘 판매하는 것은 아니지 않은가. 스스로 소액으로 많은 계약을 성사시키는 게 자신 있는지, 고액 계약으로 집중하는 게 더 자신이 있는지 판단해야 한다.

보험 영역도 마찬가지로 선택이 중요하다. 어디든 자주 봐야 단골이 되는 것처럼 점점 익숙해지면서 신뢰를 만들어두는 게 중요한데, 개인이나 단체를 선정하는 방법도 있고 우리 동네나 특정 지역을 지정해서 자주 오가는 것도 좋다. 물론 선정한 곳에서 일인자가 되겠다는 목표를 나만의 콘셉트로 만든다면 더욱 좋겠다.

직종을 선택하는 경우도 있는데, 그럴 땐 내가 마주해야 할 직종에 대해 공부해야 한다. 단순한 성실함을 넘어서 도움을 주고받는 관계로 성장하기 위해서는 고객의 환경을 알아야 하는 건 기본이다.

나에게 필요한 게 계약이라면, 고객에게도 필요한 게 있다.

나는 내 주 고객에게 가장 필요한 건 정보라고 생각했다. 정보라는
게 큰돈이 되거나, 엄청난 비밀일 필요는 없다. 작은 정보라도 먼저
알려주면, 고객은 고마워한다. 작게나마 고객에게 도움을 주게 된
다면 계약은 자연스럽게 성사된다. 실제로 내가 받은 계약 중 상당
부분은 고객이 먼저 자신이 가입할 보험이 없느냐고 물어온 것들이다.

내가 잡은 콘셉트는 내가 잘할 수 있는 일에 집중하는 것이었고,
그건 바로 화재보험이었다.

정부에서는 매년 중소기업과 소상공인들을 위해 많은 정책을 쏟
아내고 있다. 평소 창업자금 등의 정부 지원 자금을 공부하고 고객
들에게 정책자금을 안내했다. 그러면서 내 보험의 콘셉트를 화재보
험으로 연계하는 게 된 것이다.

나는 2008년 1월 새해가 시작되면서 '중소기업과 소상공인들이
안심하고 경영할 수 있도록 도와드린다'는 의미에서 대리점 명을
현대선운에서 안심경영컨설팅으로 변경하였다.

시작은 처음이다. 무엇이든 시작은 미미할 수밖에 없다. 하지만
미미한 시작을 쌓으면 그건 나만의 지식이 되고, 노하우로 바뀐다.
내가 움직여서 알게 된 지식을 고객에게 전달했고, 고객으로부터 얻
은 지혜와 정보를 다시 나만의 정보로 쌓았다.

생각만 해도 즐겁지 않은가. 고객에게 나는 그냥 보험설계사가

아니다. 그들을 진정으로 돕는 방법을 아는, '삶의 설계사'가 된 것이다. 나를 그렇게 생각해주는 고객은 알아서 가입을 해주고 알아서 소개도 해준다. 덕분에 큰 계약도 유지가 잘되고 있다.

　고객의 직장이나, 사업을 내 숙제처럼 하자. 그리고 알게 된 정보를 나눔으로써 고객으로부터 보험설계사가 아닌, 삶의 설계사로 인정받길 바란다.

말보다
자료다

가장 빠르게 전달할 수 있는 건 말이라고 한다. 진짜 그럴까? 말보다 빠른 게 있다. 바로 눈으로 보는 것이다.

귀로 듣는 것보다 눈으로 보는 게 더 빠르다. 게다가 인식하기에도 쉽다. 이 생각은 나만 하는 게 아니다. 몇몇 사람들도 말보다 자료가 더 정확하다고 생각하며 중시한다.

나는 앞서 말했다시피 정리가 안 된 상태에서 말하는 걸 쉽게 하지 못한다. 이미 말에 대한 두려움이 몸에 배어있기 때문이다. 그렇다면 나는 보험 일을 하면서 어떻게 고객에게 다가갈 수 있었을까? 바로 몇몇 사람들이 말하는, '눈으로 다가가는 방법'을 선택했다.

나는 한눈에 볼 수 있는 자료를 만드는 일에 집중했다. 자료는

'만든다'라는 표현보다 필요한 자료를 찾아 '정리한다'라는 표현이 더 맞다. 처음에는 보기 쉽게 정리하는 게 난관이었다. 무언가 만들어서 보여주는 게 더 중요하다는 걸 깨달았지만, '어떻게 보여주어야 하는가?'라는 문제에 부딪히기도 했다.

어느 게 더 중요하고 필요한 자료인지 그리고 그 자료를 어떻게 정리해야 하는지 잘 알지 못해 어렵기도 했지만, 반복하면서 금세 익숙해졌다.

자료를 만드는 방법은 간단하다. 통계 자료와 과거 사례들을 일목요연하게 정리하고 비교가 필요한 곳에는 표를 만든다. 그리고 중요한 부분에는 밑줄이나 글씨 두께를 조절하는 것이다. 얼마나 간단한 방법인가. 대부분 사람이 자료를 정리한다고 할 때 제일 먼저 살피는 사항이다.

고객에게 보여주는 자료를 정리할 땐, 내 입장이 아닌 고객의 입장에서 생각해야 한다. 대부분 고객은 말없이 자료를 본다. 하지만 말이 없어도 펜 끝으로 짚는 곳에 집중한다.

내가 준비한 자료가 다 중요해 보여도, 고객에게는 아니다. 고객에게 더 필요한 문장에 포인트를 줘야 한다. 모든 글에 포인트를 넣는다면 '정리했다'는 그 자료가 더 엉망으로 보일 가능성이 크다.

고객이 나와 처음으로 상담한다면, 전화로 미리 고객에게 필요한 정보를 물어봐야 한다. 혹은 구면인 고객이라면, 더더욱 세심하게 무엇이 더 필요한지 연구해야 한다. 고객과 나 사이에 '관계'가 만들어져 있다면, 고객에 대해 정보를 파악하는 건 당연한 일이다.

내 주력 상품은 장기화재보험이지만, 화재보험뿐만 아니라 그들에게 필요한 정책자금에 대한 안내도 자주 한다. 정책자금도 확실한 자료가 기본이다. 나는 그때마다 자료를 다시 만드는데, 만나는 업체의 금액과 요율만 다를 뿐 내가 처음 만든 자료에서 크게 벗어나지 않는다.

처음 자료를 만들 때, 대충이 아닌 확실하고 완벽하게 만들어야 하는 이유는 바로 이 '크게 벗어나지 않는다'는 것에 있다. 하나의 자료를 약간만 변형해도 다시 새로운 자료가 되기 때문이다. 하지만 자료를 변형할 때, 다시 꼼꼼하게 업체를 파악해야 정책자금에 대한 설명이 뒷받침되고 그 뒤를 이어 화재보험 가입까지 이루어진다.

자료는 사실에 기반을 둔 것이고, 고객들의 만족은 그곳에서 나온다. 언어적 표현과 조리 있는 말솜씨도 분명 플러스 되는 요인이지만, 사실이라는 명확함이 고객의 마음속에서 감탄사가 나오게 만든다. 사실을 바탕으로 한 자료만으로도 이미 고객은 나를 신뢰하게 되는 것이다.

보통 보험을 시작할 때 세일즈 스킬과 고객이 감동하는 화법을 많이 배우려고 한다. 보험 일에서 가장 중요해 보이지만 우리가 간과하는 것이 있다. 즉흥적으로 얼렁뚱땅 넘어가는 말이다. 그것은 고객과 나의 신뢰를 무너뜨리는 일이다.

보통 고객의 질문에 정확하게 대답할 수 없을 때 애드리브로 대답하고 나면, 상대방도 대충 이해하고 넘어가는 줄로 안다. 그러나 고객은 결코 띄엄띄엄 봐서는 안 되는 존재다. 겉으로는 고개를 끄덕이지만, 고객 내면에서는 의문만 증폭되고 있다. 말로 준비하는 것보다 자료가 더 중요하다는 이유가 바로 이것이다. 고객의 의문을 풀어줄 열쇠를 자료에 만들어 둘 수 있다는 것이다.

나는 아직도 후배들에게 호언장담한다. 자료를 만들면 말보다 더 놀라운 성과가 나타난다고 말이다. 정리된 자료가 말보다 몇 배 더 높은 신뢰를 준다는 건 17년 동안 직접 체득한 경험담이다.

몇몇 고객은 나에게 들은 말만으로 상품을 이해하기도 한다. 그러나 그 이해는 순간적이다. 계약 전체를 보았을 때 다른 의문이 하나씩 더 만들어지는 게 보통이다. 이럴 때 자료를 넘기면서 펜으로 안내하고 질문하는 방식은 편하고 자연스러울 뿐만 아니라, 정확한 안내로 이어지게 된다. 고객은 순간적인 이해가 아닌, 자료의 이미지와 내가 덧붙인 말로 명확하게 기억한다. 이렇게 자료를 내세운 정확한 안내가 계약으로 이어지는 법이다.

하나 더 덧붙이자면, 보험 안내에서 비슷비슷한 자료를 통해 보여줄 수 있다 하더라도, 단 한 사람만을 위한 자료를 준비해가야 한다는 것이다. 고객 이름이나 고객이 운영하는 회사 이름을 자료의 첫 페이지에 넣는다. 그리고 그 페이지부터 한 장씩 넘기며 안내해주는 방식을 통해 내가 한 명의 고객을 위해 투입한 시간과 정성을 보여줘야 한다.

자료를 넘기거나, 천천히 풀어 말할 때도 고객의 반응을 살펴보아야 한다. 고객은 늘 다르기 때문이다. 그때마다 질문이 있으면 응대하고, 말이 없다 해도 끝까지 자료를 넘기며 중요사항을 안내해야 한다.

가장 포인트를 줘야 하는 곳은 고객에게 당장 이익이 되는 부분과 잊지 않고 챙겨야 할 부분이다. 고객이 제일 크게 생각하는 건 자신의 이득이다. 왜 굳이 내가 이 보험에 가입해야 하는지, 그래서 내가 얻을 수 있는 게 무엇인지. 그 이득을 위해 고객이 주의해야 할 사항이 있다면 무엇인지. 보험설계사는 이 모든 것을 세세하게 설명해야 한다.

이건 분야를 막론하고 고객이 상품을 선택할 때 가장 기본으로 살피면서, 중요하게 염두에 두는 부분이다. 물론 알고 있는 고객도 있겠지만, 대부분이 모른다는 전제로 설명해야 한다.

나는 설명했던 자료를 고객에게 전달하는 것만으로 끝내지 않고 고객 사업에 관한 이야기도 자연스럽게 이어나간다. 이렇게 일을 진행하다 보면 고객이 먼저 다른 보험에 대해서도 묻는 경우가 생긴다. 그러다 보면 보험 외적인 질문도 쌓이게 될 것이다. 계약과는 관련 없는 일이라고 여기며 고객이 하는 일상적인 말을 무시하면 안 된다. 언젠가 고객을 다시 만나게 되었을 때, 그 다양한 말들이 유용한 대화 자료로 쓰일 때가 온다.

많이 듣는 건 정보력이 되고, 그건 다시 내가 쓸 수 있는 유용한 무기가 된다.

자료를 만든다는 건 생각보다 귀찮은 일이다. 말만으로 진행되는 이야기를 글과 표를 통해 압축해야 한다. 그 압축한 부분을 다시 순서대로, 중요한 부분을 점검해서 정리하는 일은 보통 일이 아니다. 그러나 고객이 나를 신뢰할 수 있게 하는 것, 나와 상관없던 한 명을 내 고객으로 만들 수 있게 하는건 '정성이 담긴 자료'라는 것을 분명하게 알아야 한다.

그 한 명의 고객에게 정성을 다한 자료가 훗날 몇 배로 되돌아올 거라고 기대할 필요는 없지만, 적어도 후회는 하지 않을 것이라고 장담할 수 있다.

선택과
집중

앞서 말했듯 나는 내 보험영업 콘셉트를 장기화재보험으로 정했다.

나는 장기화재보험을 위해서 많은 중소기업을 방문했다. 중소기업 대부분이 세금, 자금, 노무문제 등에 관심이 많은 것을 알고 세무사, 노무사와 전략적 제휴를 맺었다. 자금은 정책자금에 대해 공부하고 은행대출 담당자들과 자주 접촉하며 기업들에게 먼저 도움이 되도록 중소기업의 총무 역할을 자처하고 있다.

공장을 신축할 경우에는 경영지도사와 상의하여, 지방자치단체에서 '창업사업계획승인'을 받게 했다. 그렇게 해야 농지전용부담금 및 개발부담금, 취득세, 재산세와 종합소득세 등을 감면받는 실질적 혜택을 받을 수 있기 때문이었다.

또한 정책자금을 안내하여 저금리로 대출을 받게도 해주었다. 은행에서는 대출을 해주고 대출금액 한도 내에서 의무적으로 화재보험을 가입한 후에 질권설정을 해야 한다.

상속세와 증여세 관련 상담을 할 경우에는 세무사와 상의해서 기업이 실질적으로 도움이 되도록 안내해주었다.

전문가 그룹과 함께 도움을 준 중소기업이 많이 있다. 그중에서 기억에 남는 기업의 이야기를 소개해본다.

(유)금호주방

중소기업을 대상으로 세금절감 등을 통해 금전적으로 도움을 준 기업이 대다수이지만 그중에 기억에 남는 업체는 (유)금호주방이다. 금호주방 심재경 사장은 가원주방 이진노 대표의 소개로 2008년 3월에 처음 만나게 됐다.

업소용 주방기구를 제조하는 회사로 당시 직원 5명에 연매출 6억~7억 정도를 유지하던 기업이었지만, 2015년 12월 기준으로 살폈을 때 외국인 5명을 포함 총 20명의 근로자가 있으며, 연 매출 35억으로 성장한 기업이다.

심재경 사장은 전주시 변두리에서 사업장을 임대해 운영하고 있었는데, 매년 매출과 이익이 증가해 부지와 건물을 매입해 넓은 곳으로 이전하고자 했다. 그러다 자금 조달 문제와 성장한 자녀와 관련해 상속, 증여 문제가 맞물려 나를 찾았다.

세무사와 상담하여 신규법인을 설립한 후 공장부지 및 기존 공장을 수차례 알아봤다. 그러던 중, 공단 내에 있는 대지 3,636㎡ (약 1,100평), 건물 2동 면적 1,499㎡(450평)인 곳을 2011년 11월 9일 계약하게 되었다. 처음부터 공인중개사가 개입된 상태라 공인중개사의 문제 없다는 말만 믿고 계약금을 전달했다. 그러나 문제는 그 이후에 발생했다.

지금도 그렇지만 공단 내로 공장이 이전될 때는 지방자치단체에 공단입주계약서를 제출하고 사전에 승인을 받아야 한다. 그러나 지방자치단체에 알아보니 매도하는 기업이 수도권 이전 기업이어서 계약기간과 보증금 반환문제가 얽혀있다는 것이 아닌가.

사실 매입자인 (유)금호주방의 입장에선 법적으로 아무런 하자가 없다는 걸 지방자치단체의 담당 부서를 방문하여 확인했었다. 그러나 정상적인 절차를 진행할 수 없는 상황이 지속되었다. 서로 분쟁이 발생해 내용증명이 오갔고 결국 변호사를 선임할 수밖에 없었다.

결과적으로 (유)금호주방은 법원의 화해권고 결정 끝에 애초의 계약대로 사업장을 이전했다. 고생 끝에 낙이 오는지 사업은 더욱 번창하게 됐다. 지금은 둘째 자녀 명의로 사업 부지를 새롭게 매입하여 2동의 건물을 신축했다.

(유)금호주방은 초반 어려움 때문에 전문가의 도움을 필요로 했다. 나는 전략적 제휴관계를 맺고 있는 전문가 그룹과 (유)금호주방에 관련한 많은 일들을 상의하면서 관계를 형성했다. 최초 공장 소개를 전문으로 하는 공인중개사, 변호사, 법무사, 변리사, 세무

사, 노무사, 건축사, 경영지도사 등과 업무영역을 확대하는 계기가 되었다. 그러면서 자연스럽게 세제 혜택까지 안내했다.

최종적으로 (유)금호주방은 취득세와 등록세를 포함해 1억 원 이상을 감면받게 됐다. 이후 (유)금호주방은 은행에서 의무적으로 질권 설정해야 하는 화재보험을 나를 통해 장기로 계약했다.

(유)가나광고 애드컴

(유)가나광고 애드컴 정구영 대표는 개인사업자로, 버스 래핑 광고 및 LED 조명을 생산하는 업체를 운영하고 있다. 현재 내가 활동하고 있는 로터리클럽의 동료 회원인데, 2014년 4월쯤 신규 부지를 매입하여 평소에 자신이 구상하는 건물을 짓고 싶다는 뜻을 비쳤다. 그러고는 그에 맞는 적당한 매물이 있는지에서부터 법인설립, 건축설계사 선정과 자금 조달 등 공장설립 대행까지의 일, 이른바 턴키(TURN KEY)로 나에게 일을 맡기고 싶다고 상담했다.

나는 먼저 공장 부지를 전문으로 하는 공인중개사와 정구영 대표의 미팅을 주선하여 원하는 부지의 크기와 위치, 가격 등을 상의했다.

2014년 5월 9일 선정된 부지의 소유자와 부동산 매매계약(면적: 1,603㎡)이 진행되었고, 부지매입과 건축자금 조달을 위해 현재 설정된 은행과 기타 금융권을 통해 어느 은행이 대출금액이나 이자율 면에서 유리한지 검토했다. 그리고 그중 가장 좋은 조건에 맞는 은행을 연결하였다.

또한 전문가 그룹과 함께하며 지방자치단체의 "창업사업계획승인" 절차를 밟게 하고 법인설립과 사업자등록, 건축설계, 토목설계, 환경평가검토 등 건물을 지을 때 필요한 각 분야의 전문가에게 일정별 진행 사항을 체크했다. 그렇게 2014년 12월 4일 건축면적 296.6㎡의 준공 승인을 얻게 됐다.

건물이 완공되기 전에 부지 선정부터 녹지지역 매입을 통한 매입 자금의 절약 방법과 그에 따른 취득세 감면 등을 안내한 터였다. 세금감면과 이자보존으로 업체가 받은 혜택은 6천만 원이 넘었다.

공장 설립 완료 신고가 끝나자 연락이 왔다. 건축자금의 은행대출 집행에 앞서 대출은행의 질권 설정된 화재보험 가입이 필요했기 때문이다. 먼저 보험을 묻는 정구영 대표에게 화재보험 장기계약을 권유했고, 정 대표는 가입한 보험을 현재까지 유지하고 있다.

(유)금호주방이나, (유)가나광고 애드컴, 그밖에 수많은 중소 기업은 나를 통해 세제 혜택을 받았고 나 또한 그들에게 전문가로 인정을 받으면서 화재보험 계약을 늘려나갈 수 있었다. 나는 고객에게 먼저 도움을 줄 수 있는 화재보험이 적성에 맞았다. 그리고 꾸준히 신규가 생기는 자동차보험도 그러했다. 우선 나에게 맞는, 내가 더 노력하고 재미있어할 콘셉트를 잡는 것. 모든 설계사에게 가장 중요한 방법일 것이다.

05

5천·5천
클럽

5천·5천 클럽의 진짜 멤버가 되었다. 2014년 12월에 생긴 꿈을 1년 만에 달성해낸 것이다. 뜻도 몰랐던 5천·5천 클럽의 꿈을 갖게 해준 사람은 최초의 여성 지점장, 오길엽 지점장이다. 오 지점장은 현대해상에 근무하면서 처음 만난 여성 지점장으로 소속 사업부에 부임해 온 지 1년째 되는 어느 날 나에게 면담을 요청했다.

오 지점장은 2014년과 전년도의 내 실적표를 앞에 펼쳐놓았다.

"이운영 대표님의 자동차보험 실적이 매월 5천만 원이 넘는 데 비해 장기보험 실적은 저조한 편이네요. 이유가 무엇인지 모를 정도예요. 대표님은 분명히 5천·5천 클럽도 달성할 수 있는 역량이 충분하니까 도전해보세요."

"5천·5천 클럽이 뭐예요?"

"자동차보험으로 월 5천만 원, 장기보험 환산성적으로 연간 5천만 원이요."

처음 들어보는 5천·5천 클럽이라는 말에 솔깃하면서도 장기보험으로 연간 5천만 원이라는 말에 놀라 손사래를 쳤다. 당시 나의 전년도 장기보험 실적은 3천만 원에도 미치지 못했을 때였다. 그러나 오 지점장은 요목조목 설명해가며 내가 할 수 있다는 자신감을 심어주었고, 나도 가만히 생각에 잠겼다.

마침 2014년 장기보험 실적이 4천만 원에 가까워지자 욕심이 들기도 했다. 그래서 오 지점장의 5천·5천 클럽 설명에 귀가 번쩍 띄어 그게 뭐냐고 물어본 기억이 생생하다. 자동차보험으로 월 천만 원을 추가하는 일은 대단히 어렵게 생각되지만 장기보험으로 연간 천만 원은 더 할 수 있겠다는 자신감부터 생겼다.

전국에 고능률 대형사원들에게는 우스울지 모르는 실적이겠지만 나는 뜻깊게 여겼다. 오 지점장은 장기보험 실적을 높이는 구체적인 아이디어까지 알려주었다. 내년에는 오 지점장의 아이디어까지 얹어서 뛰다보면 장기보험 6천만 원도 충분히 승산이 있을 것 같다.

자동차보험을 한 달에 5천만 원 올린 실적에 대해서는 내가 생각해도 놀라웠다. 내가 자동차보험으로 월 5천만 원을 달성한 것은 2013년부터다. 그러나 자동차보험에 비해 장기보험 실적은 3천만 원이 안 되는 수준이었다. 3천만 원이라는 실적도 벅차고 힘들게 올려 더 이상은 욕심내지 않으려 했었다. 그러나 누군가의 진지한 제안에 내가 따르려 했고, 좋은 결과가 나와서 다행이고 감사하다.

나 스스로 기특하고 우쭐해진 마음에 2016년부터는 5천·6천 클럽도 도전해보고 싶어졌다. 1년 내내 눈코 뜰 사이 없이 바쁜 일정이었지만 1년에 걸쳐서 책까지 낸 저력을 믿고 싶어졌다. 가족모임과 부부동반 해외여행을 포기한 일 빼고는 고객과 회사의 모든 대소사를 빠지지 않고도 달성하지 않았는가. 이제 책 쓰던 1년 간의 열정을 장기보험에 투자한다면 더 높게 올릴 수 있겠다는 자신이 생긴 것이다.

생명보험과 손해보험의 특징은 서로 다르다. 일반 고객들이 가장 쉽게 인식하는 특징은 자동차보험이냐 아니냐로 구분된다. 그만큼 자동차보험은 손해보험의 근간이고 대명사라고 할 수 있다. 내가 처음 보험을 하면서 가장 거부감이 없었던 것도 어차피 가입해야 하는 자동차보험이었다.

17년 전부터 꾸준히 자동차보험을 늘린 결과, 한 달에 7천만 원을 넘긴 적도 수차례 있었다. 한 대의 자동차가 연간 가입하는 평균 보험료를 50만 원이라고 계산하면 월 140대를 계약한 셈이 된다. 그리고 근무 일수로 월 20일을 잡으면 날마다 일곱 대를 계약한 셈이다. 내가 생각해도 대단한 기록이다.

지금의 자동차보험 계약은 10년 전과 크게 달라졌다. 10년 전에는 인터넷이나 다이렉트 가입이 없었다. 지금은 보험사마다 다이렉트로 보험을 받고 인터넷보험사들이 가세하면서 설계사의 시장이 크게 줄었다.

자동차보험으로 한 달에 5천만 원을 넘기고 그대로 유지하는 비결은 무엇일까. 고객도 사람이고 나도 사람이라는 사실이 비결이다. 자동차보험을 받고 나서 사고의 여부와 관계없이 지속해서 좋은 관계를 유지한 것이 가장 큰 이유겠다. 교통사고가 나서 사고처리를 빠르고 정확하게 했다면 평생고객은 떼 놓은 당상이고 소개도 줄을 잇는다. 고객 회사에 세금감면과 정부지원정책을 안내해서 아껴진 돈이 커도 평생고객이 되는 것은 당연하다.

자동차보험 만기가 다가오면 내 휴대전화기는 바빠진다. 고객 중에는 따로 알아본 보험료가 내가 보낸 보험료와 차이가 난다며 물어보는 경우도 있다. 가장 저렴한 보험료까지 문자로 날아든다. 그럴 때 나는 이렇게 설명한다.

"아, 네. 인터넷보험사인가 보네요. 거기는 저처럼 사람이 관리하는 게 아니라 비용이 저렴할 겁니다. 금액이 많이 차이 나서 그쪽으로 가입하신다면 그렇게 하시고 혹시라도 사고가 날 경우에는 저에게 전화해 주세요. 사고 처리는 제가 해드리겠습니다."

이렇게 말하면 고객의 반응 역시 대부분 비슷하다. 90% 이상 갱신을 약속하는 답변이다.

"아. 그러면 그냥 그대로 가입할게요."

보험료는 천차만별이다. 나이에 따라, 무사고 경력에 따라, 차종에 따라 다르다. 획일적으로 "얼마다!"라고 할 수 없다. 회사마다 보험료 산정 요율도 약간씩 다르고 해마다 바뀌기도 한다. 내가 고객들의 자동차보험 만기 때마다 각 회사를 전부 조회해서 알려줄 수 없고, 내 마음대로 보험료를 할인해줄 수도 없다. 회사가 정한 금액으로 안내하고 체결하는 일은 모든 설계사에게 동일한 업무다.

그렇다면 내가 할 수 있는 일은 무엇일까? 간단하다. 계약이 체결된 이후 관리를 잘하는 것이다. 만기 안내는 기본이고 고객의 변동사항을 체크하고 평소 고객과 소통하는 관계를 갖는 것이다. 성실하게 일하는 모습을 해마다 보이는 것도 고객들에게 높은 점수를 받는다.

보험료 차이가 나서 나한테 계약을 안 한다거나, 금액을 약간 더 내야 하는 고객에게 미안해서 계약을 못 받는다는 말은 온전히 핑계다.

만약 보험료 차이가 5만 원이라고 가정하면 한 달 기준으로 5천 원 미만의 차이일 뿐이다.

어떤 고객이든 나를 통해 가입했다면 차이 나는 금액 이상으로 잘 지내면 된다. 고객이 안전운전하길 바라는 마음을 다하고 만약에 사고가 있다면 열일을 제치고 사고 처리에 집중하면 되는 것이다. 과연 고객과 내 사이가 1년에 5만 원도 안 될까를 의심해보자.

정당하게 일을 해서 정당하게 받은 수당이라고 생각하고 고객에게 미안한 마음을 갖지 않으면 좋겠다.

나는 자동차보험 고객의 이름을 휴대폰에 저장할 때 반드시 만기 일자와 차량을 기록한다. 만기 일자를 놓치는 대형 사고를 예방하기도 하고 고객이 만기 일자를 미리 물어오는 경우에 즉각 답할 수 있기 때문이다. 컴퓨터로 찾아보고 말 것도 없이 간단하면서 고객에게 신뢰를 주는 아이디어이기도 하다.

작은 것부터 세심하게 챙기다 보면 각각 다른 성향의 고객에게 신뢰를 줄 수 있다. 나는 고객의 가족이나 본인에게 필요한 보험을 먼저 물어보고 소개해주는 횟수가 점점 늘어났다.

1년에 한 번 체결하는 자동차보험을 우습게 여기지 말고 각별하게 생각하자. 만기일에 다다랐을 때 언제 만기라고 안내하는 일은 예의에 어긋나기도 하고 나와 특별한 인연인 고객을 무시하는 처사다.

우리의 근간은 자동차보험이다. 자동차보험으로만 매월 5천만 원 이상 계약을 올린다고 생각해보자. 대충 수당이 얼마인지 계산될 것이다.

고객들은 모든 계약마다 인증의 번거로움에 짜증을 내는데 자동차보험은 어떤가. 귀찮고 짜증나도 가입해야만 하는 보험이니 순순히 따른다. 고객의 모든 정보를 쉽게 알아내는 고마운 자동차보험이다.

아직 5천·5천 클럽에 많이 부족하다고 생각된다면 천·천 클럽이든 2천·2천 클럽이든 2천·3천 클럽이든 도전하길 바라본다. 그리고 달성한 뒤에 한 계단씩 점프하는 것도 잊지 않기를 당부한다.

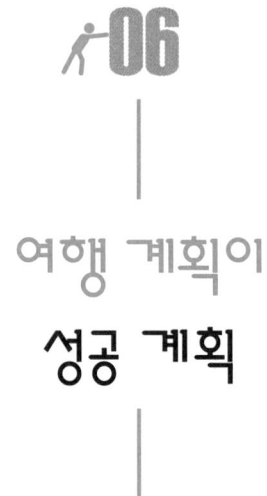

여행 계획이
성공 계획

"열심히 일한 당신 떠나라!"

한때 유행하던 광고 문구다.
그러나 나는 이 문구를 다르게 바꾸고 싶다.

"열심히 일 할 당신! 떠날 계획부터 세워라!"

대부분 여행 계획을 세우는 순간부터 여행지에서의 여유를 기대
한다. 그리고 우리 같은 영업직은 여행 계획을 통해 스스로 실적에
대한 압박감을 느낀다. 그 압박감은 회사에서 요구하는 정기마감

과 차원이 다른 기분 좋은 압박감이 된다.

다음 달이나 다음 분기에 가족이나 함께하고 싶은 동료와 떠나볼 계획을 짜자. 분명 계획한 일 전부가 현실로 다가올 것이니. 지금 당장 달력을 꺼내놓고 여행을 계획해도 좋다.

나는 여행을 통해 헤아릴 수 없을 정도로 많이 성장하고 발전했다. 특히 동료들과 함께한 여행은 늘 한 걸음 더 나아가게 해준다.

나와 함께 여행을 떠난 동료들에게 인상 깊었던 여행지는 어디일까? 그리고 나는 어디에 갔을 때 가장 즐거웠을까? 좋은 여행지를 추천해주고 싶지만, 장소가 기억되는 것은 두 번째다. 행복한 여행은 인상 깊은 장소가 아니라 누구와 함께 떠난 여행이었느냐다.

나는 해마다 국내외 여행을 다섯 차례 이상 다닌다. 주변에서는 그렇게 놀러 다니면서 언제 일하고 실적을 쌓아서 연도대상까지 받느냐며 부러움 반, 질투 반의 이야기를 자주 한다.

2015년에도 다섯 차례 이상 국내외 여행을 다녀왔다. 해외는 가족과 한 번, 후배들과 한 번, 출판사 작가들과 한 번, 총 세 번을 다녀왔다. 각각 다른 사람들과 다른 목적으로 여행을 다녀왔지만, 평소에는 대부분 동료들과 여행을 짜는 편이다. 아내와 아들, 부모님께 죄송한 마음이 들기도 한다. 하지만 같은 직종에 종사하며 서로 힘든 부분을 가장 잘 이해해주는 동료들과 함께하는 여행이 업무를 통해 쌓인 피로를 풀기에는 제격이다.

여러 여행을 하면서, 여행은 꿈이 있는 사람들이 계획하고 떠난다는 생각이 들었다. 그리고 그런 꿈이 있는 사람들이 목표를 만들고 도전하게 된다는 걸 깨달았다.

나는 현대해상에서 전국 하이플래너들의 모임인 'MBA 3기'와 '골드시니어 1기' 회원이며, 전북지역에서는 '현대나눔회' 모임을 하고 있다. 대부분 여행은 이 모임과 함께하는 편이다. 이들의 공통점은 자신의 꿈을 향해 도전하고 실천해내는 힘이 있는 사람들이라는 것이다.

우리 일은 고객들의 각종 문의로 하루하루가 정신없다고 해도 과언이 아니다. 하지만 그런 와중에도 틈틈이 여행 계획을 세운다. 나는 지점 동료들뿐만 아니라 이런저런 만남으로 인연이 된 전국의 현대해상 동료들과 함께 해외로 떠나는데, 그들은 전국에서 내로라하는 실력자들이다.

나보다 더 바쁜 그들은 어떻게 일을 미루고 며칠씩 여행 계획을 세울까? 어렵지 않다. 바로 여행을 가기 위해 더 열심히 일하는 습관을 만들면 되기 때문이다.

글을 읽는 설계사들에게도 지금 당장 실행해보라고 말하고 싶다. 어렵게 생각할 필요는 없다. 먼저 친하게 지내는 동료에게 제안을 해보자.

"이번 달에 정한 목표를 채우면 다음 달에 제주도에 놀러 가자."

장소를 거창한 곳으로 정하거나, 계획 기간을 길게 잡을 필요도 없다.

한 달 정도 미리 계획을 세우고 열심히 뛰면 백만 원의 수입이 추가로 늘어나는 공식을 모두 알고 있다. 그리고 2박 3일 제주도 일정에 백만 원이 들지 않는다는 사실도 알고 있다.

금, 토, 일이든 토, 일, 월이든 여행 일정을 정했을 때, 일하는 기준으로 따지면 평일 하루만 빠지는 셈이다. 제주도에 가서 경치에 취해보고 바닷가에서 멍게에 소주 한잔 하면서 다음 달부터 열심히 일해서 내년에는 외국 여행을 가자고 말하며 서로를 응원해보자. 모든 일은 결심하는 생각에서 시작되고 실천을 통해 이루어진다.

내가 동료에게 제안하라는 이유는 따로 있는 게 아니다. 혼자 다짐하는 약속보다 동료들과 함께 여행을 계획하고 예산을 짜보면 구체적인 계획이 나오기 때문이다. 그리고 시간과 비용을 얻는 데 필요한 추가 소득이 얼마인지 함께 알아보면 더욱 도움이 된다.

작전을 짜는 동안 온몸에 여행의 꿈이 들어차고, 그 꿈을 이루기 위한 목표를 달성하려는 의지가 생긴다.

보통 사람들은 실적이 높은 사람들이 숨도 안 쉬고 일만 할 거라고 예상한다. 그러나 여유로움이라는 충전제가 탄력적인 힘을 만들어주는 것이다.

여행은 나중에 여유가 생겨서 마음 편할 때 떠나는 게 아니다. 여행 계획부터 세워놓고 그 일정에 맞게 일을 해보자. 반드시 잘 된다고 자신 있게 장담할 수 있다.

07

'꿈전사'는
계약전사

7천 5백여 명의 보험인들과 다양한 전문가 그룹이 회원인 모바일 커뮤니티가 있다. 다들 자주 사용하는 네이버 '밴드'에 있어서 접근성도 높다. 바로 '꿈전사'다. 처음에는 '꿈을 꾸며 전투적인 사람이 되자'로 해석하고 혼자 실소를 터뜨렸는데, '꿈을 전하는 사람들'이 정확한 뜻이다.

회원 수 7천 명이 넘는 커뮤니티지만, 가입한 사람들의 공통점이 있다. 보험 업무와 관련된 사람들이라는 것이다.

우리는 여러 곳을 다니면서 나와 같은 직종의 사람들을 만나고는 한다. 그러나 만남은 늘 한정되어 있다. 지인의 지인을 통하거나, 같은 회사의 동료이거나 하는 식이다. 그러나 인터넷 커뮤니티는 직접적으로 모르는 관계라 할지라도 온라인에서 쉽게 정보를 교환할 수 있게 만들어 준다. 심지어 가입도 쉽다. 네이버 밴드 검색창에 '꿈전사'로 검색만 하면 된다.

보험인이라면 누구나 가입이 가능한 곳으로 회원 가입을 하려면 보험사 코드가 있거나 보험원수사, 법인에 등록되어 있어야만 한다. 그리고 올라오는 글 중에 보험영업과 관련이 없거나 다른 아이템으로 광고하는 사람들의 글은 곧바로 삭제된다. 철저하게 보험영업 위주인 곳이다.

처음 만들어진 목적이 정확하게 정해져 있듯, 커뮤니티 공지사항에 자주 올라오는 글은 실전 영업에 관한 사례와 현장의 목소리다. 메인 창 카테고리도 '전문가지원' '영업도구' '영업지원' '제휴특강' '동영상교육' '지방특강' 등 보험 업무와 밀접한 관련이 있는 것들이다.

카테고리별로 클릭해서 들어가 보면 전국의 다양한 정보와 교육 과정들이 올라와 있다. 그 어느 글을 봐도 오직 영업에 관련된 자료뿐이다.

꿈전사의 김봉완 대표는 원수사와 법인에서 21년간 영업한 경력이 있다. 그 경력을 바탕으로 커뮤니티 회원들에게 실질적인 도움을 주기 위해 꼼꼼하게 운영하고 있다.

나는 꿈전사를 만나고 나서 기본적인 보험영업 사례부터 전문적인 지식까지 습득하는 데 큰 도움을 받았다. 커뮤니티 내에 보험영업에 관한 실력자들이 많아서다.

주로 특강 부분에 관심을 갖고, 나와 콘셉트가 맞는 강의가 있다면 시간을 내서 듣는다. 특히 내가 재물보험을 선택하고 집중해서인지 재물보험 강의를 자주 듣는 편이다.

재물보험의 심화 교육에서는 해박한 지식을 알기 쉽게 설명해주는 강영진 강사의 강의로 전문성을 높여갔다. 화재보험영업 고수의 강의만으로도 열정을 갖게 되고, 실전에 부딪히면서 겪게 되는 많은 상황까지 예측할 수 있게 되었다.

또 노무 콘셉트 부분에서 고수로 평가받는 8년 차 이서후 강사의 강의를 통해서도 도움을 많이 받았다. 내 고객들은 중소기업 대표가 많다 보니 노무에 관련한 정보는 당장 도움 될 내용이 많았다. 노무분쟁에 대해 이해하게 되고 원만한 해법과 주의 사항까지 배울 수 있어 고객들과 대화를 나누다 보면 내가 노무사라도 된 듯싶어졌다.

이렇게 유용하고 좋은 커뮤니티 글을 보험인이라면 아무나 볼 수 있을까? 번거로운 절차는 없다. 글을 올려서 노하우를 드러내야 하는 게 아니라 가입만 하면 되는 곳이다. 쉽게 접근할 수 있다는 매력이 있는 곳이다. 그래서인지 가입을 통해 필요한 정보만 얻어가는 이들이 훨씬 많은 곳이기도 하다. 그 덕분에 회원 수가 늘어났는지도 모른다.

꿈전사는 정보 또한 방대하다. 커뮤니티 내에는 교통사고 관련 문의사항, 보상 문제, 장기보험 등 보험에 관련된 갖가지 이야기들이 올라오고, 그에 따른 토론도 이어진다. 나는 그들의 대화를 꼼꼼히 살피며 영업을 할 때 활용할 만한 이야기들을 체크한다.

영업 관련 교육 일정이 올라오면, 그 내용과 강사를 확인해본 후에 도움이 될 만한 강의는 서울까지 올라가 직접 수강한다. 재물보험영업과 실전 노무 콘셉트에 관련한 강의는 반복해서 수강했다. 꿈전사 특강으로 내가 도움을 받은 만큼, 괜찮은 특강이 있을 때면 후배들과 지점에도 공지해 교육을 받으라고 권유하기도 했다. 강의를 들은 나와 동료 모두 만족도가 높다.

꿈전사를 활발하게 하는 원동력과 노하우를 얻게 되는 사람은 오래된 베테랑뿐만이 아니다. 보험을 시작한 지 얼마 안 된 신입사원도 다수다. 그들은 커뮤니티 내에 질문을 올리고 여러 답변을 통해 노하우를 배운다.

글이 올라오는 시간과 내용은 천차만별이다. 새벽에 고객 자동차사고 사례가 올라오기도 한다. 말 그대로 보험과 관련된 이야기라면 글이 짧든 길든, 어느 시간이든 다양하게 올라온다. 대한민국의 보험사에서 활동하고 있는 실력자들이 설명해주는 곳이다 보니 점점 더 활성화돼 가고 있다.

내가 성장하는 발판은 어디에든 있다. 휴대전화기로 간단하게 커뮤니티를 들여다보는 것도 방법이다. 움직이는 시간만큼 정보를 공유하고 사례들을 살피는 시간도 중요하다. 어렵다고 말하기 전에, 정보라는 걸 누군가가 쉽게 건네주기 전에, 스스로 조사하고 탐색

하길 바란다.

　덧붙여, 작년 나의 연도대상 수상을 공유해주고 박수를 보내준 꿈전사 운영진, 그 글에 댓글로 축하를 보내준 회원들에게 감사의 인사를 드린다. 꿈전사가 지금처럼 보험인들을 위한 정보 공유가 활발히 이어나가 뛰어난 보험인들을 많이 소개해주는 소통의 장이 되어주기를 바란다.

갑으로
영업하기

"저어, 이번에 새로 나온 신상품이 있는데 한 건만 가입해주시면……."

어색한 말투, 정확하지 않은 표현, 보험 상품에 대한 지식이 부족하다는 걸 드러내는 화법이다. 이렇게 접근하는 설계사가 과연 있을까, 없을까? 솔직히 말하면 대부분이 그렇게 시작을 했을 것이다. 지금도 여전히 고객에게 감정을 호소하는 설계사들은 존재한다.

고객 앞에서 철저한 '을'이 되고 고객만 '갑'으로 만드는 건 바로 감정에만 기대고 있는 자기 자신이다.

지금은 보험이 필수품인 시대에 살고 있다. 보험설계사인 우리는 고객에게 필요한 생필품을 알려주는 안내자다.

내가 고객 앞에서 '갑'이 되어 영업하는 입장이 되고 고객들도 나를 '갑'으로 대우해준다면 얼마나 좋을까?

진료를 받는 환자와 의사의 경우를 보자. 같은 '질병'을 다룬다고 하지만, **진료를 받는 환자가 의사를 대하는 모습과 보험 상담으로 만나는 설계사를 대하는 모습은 완전히 다르다. 이미 몸이 아파 병원에 가는 환자들은 의사의 말에 잘 따른다. 그러나 아프거나 다치기 전에 준비해 놓으라고 미리 알려주는 우리는 의사와 정반대의 대우를 받는 경우가 다반사다.**

나는 우리가 의사들보다 더 대우받아야 한다고 생각하는 보험인 중 한 사람이다. 억지스럽다고 생각하지 않기를 바란다. 생각해보면 틀린 말도 아니지 않은가. 왜 우리는 고객에게 당당하지 못하고 사정하는 '을'의 입장에 서야만 하는가.

신입 시절 나는 철저한 '을'이었다. 고객이 무섭고 두려웠다. 특히 아는 사람들과 친한 사람들에게 보험 상품을 권유할 땐 말을 더듬는 게 심했다. 하루하루 얽히고설키며, 그리고 몸으로 부대끼면서 어찌어찌 실적을 쌓기는 했다.

그러다 당당하게 고객 앞에 서려면 어떻게 해야 하나에 대해서 고민했다. 고민의 시간은 길지 않았다. 바로 내가 실력을 갖추면 되는 게 아닐까 싶었다.

어느 분야에서나 전문가가 되면 대접받기 마련이다. 실력으로 중

무장하면 나는 더 이상 '을'이 아니다. 무엇보다 스스로 자신감이 넘치게 된다는 건 삼척동자도 다 아는 사실이다. 다만 실력도 방향을 잡아야 한다. 즉 선택해야 한다는 말이다.

보험 전체 상품에서 최고가 되기는 어렵다. 보험 상품의 종류는 너무 다양할 뿐만 아니라 신상품이 개발되고 이미 출시된 상품의 내용이 변경되는 경우도 빈번하기 때문이다. 그러니 내가 어느 부분에서, 어느 정도 파악을 하겠다는 한계선을 정해야 한다.

주력 상품이 아니라 해도 어느 정도 알아야 한다고 했을 때, 상품의 실제적인 것만 알 것인지 사례나 조치에 대한 상세한 부분도 알아둘 것인지 정해두면 좋다. 이렇게 다양하게 알아두는 건 보험 전문가가 지녀야 할 자질 함양을 위한 것이다.

내가 다루는 주요 상품이 아닌 것을 고객이 문의해오면 그냥 무작정 모른다고 말하는 설계사가 되어서는 안 된다. 우선 아는 정도를 내비친 뒤에 자세한 내용은 확인해서 안내하겠다고 하는 방법이 좋은데, 이 방법도 우선 '알아야' 쓸 수 있는 방법이다.

나는 상대적으로 수당은 적지만, 설계사들이 소홀히 여기는 장기화재보험을 골라서 파고 또 팠다. 약관에 밑줄을 쳐가며 열심히 공부했다. 배운 만큼 안내하기 시작했고 점점 쉬워졌다.

건물화재보험은 아무나 드는 게 아니다. 건물화재보험이 반드시 필요하고 가입해야만 하는 고객이 있다. 은행에서 건물담보대출을 받으려면 화재보험 가입 후 질권설정을 해야 대출이 실행된다는 사실은 보험 일을 하고 한참 뒤에야 알았다. 이 사실을 안 순간부터 속으로 쾌재를 부르며 진짜 실력자가 되기로 마음먹었다.

먼저 시중 은행의 대출 이율을 파악하기 시작했고, 대출 진행 상황을 체크했다. 공부를 하면 할수록 새로운 사실을 알게 됐다. 제조업체로 등록된 사업체는 정부보조금과 이자 지원, 세금 감면 등의 혜택이 크다는 것도 알게 됐다. 어쩌다 시작한 공부였지만 잘하면 돈도 되는 공부, 무엇보다 내가 진짜 '갑'이 되는 공부를 하게 된 것이다.

사업체의 전반적인 자금 흐름과 대출 관련 정보를 수집하기 시작하자 예상은 적중했다. 고객들에게 진짜 도움을 주는 사람으로 변신하게 됐다. 고객들은 화재보험에 가입하면서 회사의 자동차보험과 장기보험까지 추가로 가입했다.

내가 고객들에게 사정하면서 '한 개 정도의 보험은 가입해 주겠지…'라는 생각으로 지냈다면, 이런 계약이 가당키나 했을까. 전문가가 되겠다는 마음으로 공부한 덕분이었다. 무엇보다 나는 벤치마킹을 할 때, 연결 계약이 중요하다고 생각해왔다. 다양하게 공부하고 익숙해지면, 자연스럽게 고객에게 필요한 다른 보험을 권유할 기회가 생기기 마련이다.

화재보험을 하면서 느낀 건, 대출이 필요한 고객들이 너무 많다는 것이었다. 그들은 조금이라도 싼 이자를 찾고 세금을 감면받고 싶어 한다. 그러나 뾰족한 방법을 찾지 못하다가 나를 통해 정부

정책자금을 알게 되고 세제 혜택을 받을 수 있다는 걸 확인하게 된다. 내가 아는 방법을 고객들은 모른다. 모르면 모르는 대로 아무 혜택 없이 정해진 이율과 정해진 세금을 내야만 한다.

나는 정부와 지자체의 중소기업지원정책을 꼼꼼하게 알아봤다. 나에게 필요한 자금이라고 생각하고 발로 뛰어다녔다. 그 어떤 가족과 친구도 알아봐 주지 않던 정보들을 내가 직접 찾아서 고객에게 전달해준 것이다. 그렇게 고객의 아껴진 자금이 억 단위를 넘을 때도 있었다.

이런 배경에서 어차피 화재보험에 가입해야 하는 상황이 온다면, 과연 그들은 누구를 통해 보험에 가입할까? 당연히 나다. 나라는 전문가에게 도움 받은 고객, 그리고 나에게 보험에 가입해주는 고객은 서로가 '갑'과 '갑'의 관계다.

예전에는 계약을 해주는 고객들이 은인이라는 생각이 앞섰다. 물론 이 마음은 지금도 당연하다. 다만 이제는 순서가 바뀌었다. 내가 먼저 고객에게 도움을 주고, 고객은 도움을 준 나에게 감사해한다. 우리는 서로에게 감사하는 관계로 만나 앞으로도 계속 원원(win-win) 하는 좋은 관계를 유지한다는 데 이견이 없다.

그렇게 인연이 된 고객들은 자신들과 비슷한 여건의 지인들을 소개하는 데 앞장선다. 계속해서 같은 이유로 소개받고 안내하는 기업체와 고객들은 나를 전문가로 대우한다.

땅을 사고 건물을 신축하는 그들은 모두 자금이 부족하다. 부족한 자금 문제로 골머리를 앓고 있을 때 내 입으로 보험 이야기를 먼저 하는 일은 없다. 오직 자금을 아껴주고 지원을 받도록 돕는 일이 최우선이다. 지자체와 정부로부터 이자를 지원받고 취득세를 감면받고 대출이 실행되었을 때, 필요할 수밖에 없는 장기화재보험을 안내한다.

고객들은 나를 통해 대출을 쉽게 처리했다. 그러나 대출받은 자금은 공짜가 아니다. 갚아야 하는 부채이다. 대출받은 원금을 갚으려면 목돈을 마련하거나 만기까지 원금을 모아야 한다. 그럴 때 나는 원금을 갚는 방식으로 어차피 가입해야 할 장기화재보험을 통해 모으는 게 어떠냐는 제안을 한다.

생각해보자. 나도 사람이고 고객도 사람이다. 내가 적게는 몇백만 원에서 몇천만 원 혹은 1억이 넘는 돈을 아낄 수 있도록 도와주었으니 그 사람도 나를 돕기 마련이다. 이건 입장을 바꿔도 똑같을 것이다. 사업주의 가족이 보험영업을 하고 있다고 해도 달라지지 않는다. 왜냐하면 가족조차 그만큼의 금액을 아낄 수 있도록 도와주지 못했으니 말이다.

내가 전문가가 되고 고객을 돕는다면, 고객과 나 사이에서 '을'은 존재하지 않는다.

09

장기화재보험을
권해보자

생명보험과 손해보험의 가장 큰 차이는 고객 재산 손해에 대한 보상 유무이다. 손해보험은 재산상의 손해 보상을 원칙으로 하는데, 사고나 질병으로 인한 신체 손해까지 보상해준다.

매월 많은 계약을 성사시키지 않으면서도 연도대상을 받는 비법이 있다면, 나에게 잘 맞는 장기화재보험 덕분이라고 말할 수 있다. 이 상품을 소개할 때 가장 신경 쓰이는 부분은 화법이다. 나는 여러 차례 계약을 진행하며 누구에게도 뒤지지 않을 자신이 생겼다. 그러나 그 분야에 대해서는 끊임없이 공부해야만 한다.

장기화재보험의 특징과 장점을 정확하게 안내하면 좋아하는 고객들이 많다. 단지 소멸성이 쉽고 편하다는 나 혼자만의 판단으로 고객에게 안내조차 하지 않았는지 생각해봐야 한다. 거기에 장기화재보험은 고객뿐만 아니라 나에게도 크게 도움이 되는 상품이기도 하다. 고객에게도 좋고 나에게도 좋은 일이니, 더 열심히 준비하게 된다.

건물화재보험도 자동차보험처럼 1년에 한 번씩 재가입이 필요하다. 자동차보험은 사고가 나든 안 나든 매년 가입하는 것이고 고객이 낸 돈은 소멸한다. 화재보험도 소멸성은 똑같다. 그러나 화재보험을 장기로 가입했을 때는 상황이 달라진다.

그렇다고 무작정 장기화재보험으로 유도하고, 단순하게 '더 좋은 장기화재보험'을 강조하는 것보다 실제로 도움 받을 수 있다는 사실을 보여줘야 고객의 관심이 생긴다.

보통 장기화재보험은 공장이나 업체의 대표가 가입한다. 대표들이 고객이라고 했을 때, 그에 따라 제안할 수 있는 말은 다양하다.

때에 따라 가입을 거절당할 수 있는 인수지침을 활용하는 화법

01. 고객님, 화재보험은 손해율 영향을 많이 받습니다. 단기로 했을 때는 인수지침에 따라 다음 해에 가입이 안 될 수도 있습니다.

02. 장기화재보험이 아닌 소멸성 화재보험으로 가입한 뒤 보험 기간 중에 운영 중인 공장이나 건물에서 혹시라도 화재가 일어나 보험금을 수령한다면, 다음 갱신 시점에는 계약하기 어려워질 수도 있고 보험 가입 금액을 축소하자고 할 수도 있습니다.

03. 어차피 건물이나 공장을 앞으로도 계속 운영하실 텐데 장기로 가입하는 게 어떨까요?

04. 예전에는 중간에 돈이 필요하면 이자를 내는 보험계약대출을 받아야 했지만 요즘은 상품이 너무 좋습니다. 중간에 돈을 인출해도 이자 없이 쓸 수 있는 중도인출이라는 제도가 있습니다.

목돈마련에 대한 화법

01. 고객님! 직원들은 나중에 퇴직하면 퇴직금을 받아가지만 사장님은 공장에 일평생을 바치면서도 막상 퇴직금이 없지 않나요? 장기화재보험을 통해 사장님만의 퇴직금을 만들어보면 어떨까요?

02. 기계 구입자금이나 공장부지 구입자금으로 사용하시면 어떨까요?

03. 요즘은 은행에 가더라도 저금리라서 이자가 거의 없습니다. 이자만 가지고 화재보험에 가입한다면 어떨까요?

04. 15년 뒤면 고객님 나이가 60대 후반이신데, 이 환급금을 노후자금으로 쓰면 어떨까요? 꼭 노후자금을 연금으로만 준비할 필요는 없습니다. 연금이 있다 하더라도 더 탄탄한 준비를 위해서 함께 준비한다고 생각하세요.

저금리에 대한 화법

01. 현재는 2%대의 예정 이율이 적용되지만 앞으로는 더 떨어집니다. 그렇다면 보험료는 계속 올라가겠지요. 현재는 50만 원으로 가입할 수 있겠지만, 5년 뒤에는 60만 원, 70만 원으로 보험료는 점점 올라갑니다.

02. 어차피 화재보험을 쭉 가입하실 텐데 저렴할 때 50만 원으로 장기간 가져가시면 어떨까요?

03. 중간에 운영자금이나 긴급자금이 필요하시면 이자 없이 인출해서 쓸 수 있는 중도인출제도가 있습니다.

고객과 차분히 이야기하면 대부분 솔깃해한다. 눈앞에서 계산기를 두드리기도 하는데 그건 당연한 일이다. 나는 고객이 내 눈앞에서 확인하는 게 더 좋다. 내 말이 옳다는 걸 바로바로 확인하고 그 확인에 대한 표정 변화를 볼 수 있기 때문이다.

시대마다 유행이 바뀌듯 고객들의 재테크도 변한다. 요즘 같은 저금리 시대에서 고객들은 조금이라도 더 높은 이자에 눈을 돌리기도 한다. 그러나 반대로 낮은 이자 대신 더 이득을 챙길 수 있는 다른 방안을 모색하는 고객도 많다. 그렇다면 내 고객으로 만들기에 좋은 여건이 아닌가.

현재 장기화재보험으로 가입을 하는 경우, 거의 원금에 가까운 만기환급금을 받도록 설계할 수 있다. 저축을 권유하는 셈이다. 우리는 저축을 한다는 자체만으로도 든든하다고 생각한다. 저축은 목돈을 쓰겠다는 생각이 앞서기도 하는데 화재보험을 장기로 가입하면, 계획된 지출을 준비하기에 제격이라는 걸 알게 된다.

장기화재보험은 눈에 보이는 건물과 사업 시설까지 지켜가면서 원금까지 확보하는 최고의 선택이 된다. 나는 많은 고객에게 소중한 사업체도 지키고 재산도 확보할 수 있는, 그리고 훗날에는 노후 자금으로도 가능하다는 이론으로 여러 건의 계약을 성사시켰다.

내 고객들은 평생 고객을 자처하며 주변에 자랑까지 한다. 대출을 진행해주다 보니 이따금 신용협동조합과 은행에서 강의 요청이 들어온다. 내가 잘하고 좋아하는 일에는 막힘없이 말이 나온다. 그로 인해 강의까지 할 수 있게 된 것이다. 그동안 적지 않은 금액을 대출로 진행했고 원금과 이자상환도 문제가 없었으니, 그 방법에 대해 은행 입장에서 배우고 싶어 하는 건 당연한 일이다.

　내 고객들의 만족도는 높다. 그건 유지율로 증명되고 있다.
　장기화재보험을 공부하고, 일단 주변에 말을 꺼내보자. 장기화재보험으로 노후연금까지 한방에 해결된다고 말이다. 선택은 고객의 몫이다.

10

스텝과
친해지자

나는 학창 시절 국어 과목을 유난히 좋아했다. 이유는 특별하지 않았다. 국어 선생님이 나를 예뻐한다는 걸 느꼈기 때문이다. 그런 선생님에게 잘 보이고 싶어서 국어만큼은 열심히 했고, 당연히 성적이 잘 나올 수밖에 없었다.

누군가 나를 예뻐해 주고 인정해준다면, 상대방에게 잘 보이고 싶어 열심히 하게 되는 건 나뿐만이 아닐 것이다. 만약 모든 과목의 선생님에게 똑같이 예쁨을 받았다면 나는 전교 1등, 아니 전국 1등도 할 수 있지 않았을까 싶기도 하다.

지금 보험 일을 하는 내가 잘 보이고 싶은 사람이 누구일까.

무엇보다 첫째는 고객이다. 고객과는 당연히 누구와도 잘 지낸다. 그러면서 놓치는 관계가 있다. 바로 동료들이다. 상대적으로 고객보다 편하게 대하는 동료들과의 관계를 뒷전으로 미루는 사람도 종종 있다. 그러나 실적이 뛰어나고 열정적으로 일하면서 관리자나 동료들 사이에서 불협화음이 생긴다면 서로에게 마이너스가 된다.

나는 몇몇 상황들이 생길 때마다, 옛날의 국어 선생님을 생각한다. 오래전이라 선생님이 먼저 나를 예뻐했는지, 내가 먼저 선생님을 좋아했는지는 기억이 흐릿하다. 그러나 누가 먼저 좋아했든 한 명이라도 잘하기 시작하면, 그 관계는 좋아질 수 있다. 동료가 먼저 나에게 잘 대해주기 기다리지 말고 내가 먼저 다가가는 건 어떨까.

원래부터가 가깝고 친한 사이는 없다. 관계는 서로의 노력이 필요하다. 간혹 친밀함이라는 포장으로 말이나 행동에서 방심하기도 하는데 그건 절대 피해야 할 일이다. 여러 사람을 만나는 우리에게 기본적인 행동이자 가장 중요한 행동이 '관계 쌓기'라는 걸 다 알고 있지 않은가. 내부의 동료들 사이에서부터 어긋나버리면 고객이라는 외부 관계도 어긋나버리기 일쑤다.

현재 내가 소속되어 있거나, 근무하는 곳 회사관리자들과의 관계는 어떤가? 나와 혈육은 아니지만, 진짜 가족보다 더 많은 시간을 보내기 때문에 업무적 가족이라고도 말한다. 그만큼 가까운 사이라는 뜻이다.

우리는 각자의 고유 업무가 있지만 특별한 구성으로 함께하는 조직이다.

내가 일을 잘하고 고소득을 창출해도 지점 식구들과는 무관한 일이다. 반대로 내가 일을 못 하고 수입이 적다 하더라도 무관하다. 하지만 어디 사람 사는 곳이 그러한가. 정 때문에 살고 정 때문에 헤어지는 게 세상사다. 무관하게 지낸다는 것이 그렇게 간단한 일이 아니라는 것쯤은 누구나 안다.

아무리 개인 실적과 관계가 없다고 해도 잘되면 누구보다 힘찬 응원의 박수를 보내주는 게 동료다. 그리고 반대로 어려울 때는 함께 마음을 나누고, 안타까워해 주는 존재들이다. 이런 동료들이 주변에 아예 없다고 생각해보면, 회사 생활이 더더욱 어렵다고 느껴질 것이다.

좋은 일이든, 나쁜 일이든 나누는 게 중요하고, 상대의 좋은 일이나 나쁜 일에도 공감을 해주는 게 내 관계를 단단하게 만드는 계기가 된다.

그렇다면 그들을 좋아하는 선생님으로 여기고 생활해보면 어떨까. 우리에게 중요한 것은 실적과 관계다. 내부에서의 관계를 통해 실적을 끌어올리는 것도 하나의 방법이다.

동료들과 잘 지낼 수 있도록 지내는 데 힘써보길 권한다. 17년 동안 보험회사 내부 직원들과 잘 지내면서 한 번도 손해난 일은 없었다. 오히려 내가 알지 못했던 정보를 받거나, 바뀐 보험에 대해 서로 의견을 나눈 좋은 기억이 먼저 떠오른다.

좋아하는 과목은 성적이 오르기 마련이다. 좋아하는 동료와 내부의 관계를 만들고 그 안에서 내 스스로의 가치를 올려보기 바란다.

나는 이 지면을 빌려 함께 인연을 맺었던 총무님, 지점장님, 팀장님, 사업부장님, 본부장님, 많은 동료에게 감사를 전하고 싶다.

말더듬이
연도대상

선
물

06

말더듬이

연도
대상

01

실수가 가져다준

선물

살다 보면 종종 실수가 일어난다. 고객 대부분은 예기치 못한 실수에 대비하는 하나의 대비책이 보험이라고 생각한다. 실수는 사고로 인한 건강이나 생명, 어떤 재산을 위협하는 일일 수도 있기 때문이다.

보험 일을 하는 사람에게도 똑같은 실수가 찾아오기도 한다.

보험설계사에게 실수는 치명적이다. 우리가 하는 일은 개인의 재산과 관련된 일이고, 더 나아가서는 한 사람의 생명과 관련된 일이기 때문에 더더욱 신중히 해야 한다.

고객을 만나 계약 시 주의사항까지 상세하게 설명하는 나에게도 실수가 있었다. 그것도 간단하게 넘길 수 없는 큰 실수였다.

2009년 2월이었다. 내 고객에게 교통사고 사망보험금이 지급되는 안타까운 일이 벌어졌다. 고객은 다름 아닌 친구였다. 이전 직장 협력업체로 봉제공장을 운영하던 그 친구는 나를 통해 장기보험에 가입한 상태였고, 사망보험금은 8천만 원이었다. 친구의 갑작스러운 죽음으로 마음을 추스를 겨를도 없을 때 다른 문제가 터졌다.

사망보험금이 지급되는 보험은 2005년 11월 부부가 함께 가입한 것이었는데, 계약서에 친구의 자필 서명을 받지 않았던 게 화근이었다.

보험에서 제일 기본은 설계사의 설명이다. 그리고 고객은 계약서를 작성하기 전, 설계사의 설명을 들었다는 확인 후 가입 동의를 '서명'으로 표기한다. 이건 구두로 확인하는 일이 아니다. 반드시 본인의 자필로 된 서명이 필요하다.

어쩌다 보니 서명을 건너뛰었는데, 이 때문에 문제가 발생한 것이다. 보상처리가 손해사정에 맡겨졌다. 결론이 어떻게 나올지는 아무도 예측할 수 없었다. 유가족에게 보상금이 지급되지 않을지도 모를 일이었다.

며칠 후 최종 결론이 나왔다. 유가족에게 사망보험금 8천만 원이 온전히 지급되고, 계약 받은 나에게는 1200만 원이 구상청구되었다. 나는 매월 백만 원씩 12개월간 급여에서 차감하는 방식으로 1200만 원 구상청구를 이행했다. 물론 유가족은 지금까지도 이 사실을 전혀 모르고 있다.

친구의 사망 소식에 슬프고 비통해하면서도 제대로 계약 받지 못한 실수에 괴로웠다. 구상청구된 돈이 아깝다거나 하는 생각은 들지 않았다. 무엇보다 내 실수로 내 고객이 받을 수 있는 보험금을 놓칠 수 있다는 걸 직접 마주하게 된 사실이 괴로웠다.

심지어 기본 철칙을 어겼다는 생각에 깊은 자괴감마저 들었다. 조금 다른 상황이었다면 보험금 지급이 어려워질 가능성도 컸다. 그건 온전히 내 개인의 실수였고, '다음에 다시 잘하면 될 거야'라는 위로도 신통치 않았다.

나는 이 일을 계기로 '3대 기본 지키기'를 어긴 적이 없다. 3대 기본 지키기는 자필서명, 청약서부본전달, 약관전달인데, 가장 중요한 건 자필 서명이다. 내가 분명 알고 있는 내용이었지만, 무심코 넘겨버린 것이다.

기본이 중요한 이유는 나만을 위해서가 아니다. 나를 믿고 계약해준 고객을 위해서다. 이와 함께 고객에게 절차를 확인하는 것 또한 중요하다. 계약이 끝난 뒤 본사에서는 고객에게 모니터링을 한다. 계약 부분을 다시 확인하는 절차다.

예전에는 이런 일도 있었다. 당시에는 보험료가 2달분이 연체되면, 자동으로 보험실효가 되던 때였다. 대부분 설계사들은 실효를 예방하기 위해서, 2달 이상 보험료가 연체된 고객의 통장에서 1회분이라도 즉시 인출을 신청하고는 했다.

나는 고객들이 보험료를 깜빡해서 실효되지 않도록 납입현황을 살피곤 했다. 그러다 2달 동안 보험료가 연체되고 있는 고객이 있는 걸 발견했다. 워낙 가까운 지인이라 따로 말하지 않고 즉시 인출을 신청했는데, 몇 시간 후 상대에게 전화가 왔다.

"보험료가 통장에서 자동으로 빠져나갔는데, 혹시 알아?"
"아, 그거? 내가 즉시 인출 신청했어. 2달분이 밀리면 자동 실효가 되거든."

그러자 지인은 말했다.

"내가 필요해서 통장에 넣어 둔 돈인데, 왜 그걸 말도 없이 빼가?"

아차 싶었다. 이것도 당연히 내 실수다. 보험료 납입은 고객의 사정에 따라 우선순위가 될 수도 있고, 나중 순서가 될 수 있다. 내가 실효를 막으려고 한 친절이 내 지인에게는 막무가내의 일이 되어버렸다. 친하다 보니 다른 고객에게처럼 묻고 한다는 걸 건너뛴 것이다. 요즘은 개인정보 문제로 즉시 인출이 까다로워지기도 했지만, 된다고 하더라도 앞으로는 꼭 먼저 확인해야 할 일이다.

실수는 누구나 할 수 있지만 고객들의 돈과 관련된 실수는 단순 실수가 아닐 수도 있다는 걸 명심해야 한다. 자칫 범법행위로 오해받을 수도 있다. 사람이 하는 일이니 실수가 발생할 수도 있다. 그러나 실수가 생겼다면 자신을 변화하게 만들고 한 단계 좋아지는 계기로 삼아야 한다. 반복되는 실수는 절대로 없을 거라는 맹세와 함께 말이다.

⋏02

첫 거절이 가져다준
선물

　누구든 처음을 가장 오래 기억한다. 나 역시 보험을 시작한 지 얼마 되지 않았을 때 방문했던 고객이 잊히지 않는다. 제일 처음 찾아간 곳은 인사과장으로 재직하던 당시 많은 도움을 주었던 봉제 공장이었다. 직장생활을 할 때는 언제 가더라도 반갑게 맞이해준 대표였다. 나는 대표에게 미리 전화하고 보험료 5만 원의 운전자보험을 설계해서 찾아갔다.

　사무실 여직원은 날 알아보고는 작업장에 있는 대표에게 말을 전달한 뒤 잠깐 기다리라고 했다. 그 공장은 작업장과 사무실 사이에 유리문이 있어서 안팎을 서로 볼 수 있게 되어 있었는데 대표는 내가 온 것을 알고도 계속 작업을 하고 있었다. 나는 작업장이 보이는 사무실에 앉아 대표를 기다렸다. 그러나 30분이 지나도 대표는 나오지 않았다. 보험을 시작했다는 걸 알았을 그였다. 기다리는 시간이 길어질수록 속에서 열이 났다. 나보다 여직원이 더 안절부절 못해 하는 걸 보고 당장에라도 일어나 문밖으로 걸어나가는 나를 상상했다.

'참고 기다려야 할까? 아니면 이대로 돌아가야 하는 걸까? 내가 만약 예전처럼 인사과장으로 찾아왔다 해도 이랬을까?'

마음속에서는 별의별 생각이 실타래처럼 엉겼다. 그렇게 한 시간 정도 지났을 때였다. 닫힌 문이 열렸다. 나는 그 순간 오래 생각했던 물음을 지워버렸다. 드디어 설명할 수 있는 기회가 왔으니 아까의 생각은 버리기로 한 것이다. 하지만 나는 대표에게 끝까지 설명도 못 한 채 건물을 빠져나올 수밖에 없었다.

대표는 누나가 보험을 해서 가입해줄 수 없다고 말했다. 울컥한 마음이 솟구쳤다.

'그러려면 기다리지 말라고 하든지, 자리에 앉자마자 설명도 하지 말라고 하든지…….'

마음속에서 하고 싶은 말이 가득 찼지만 참아야 했다. 다음에 뵙자고 말하고 나오는 길. 그 길이 너무 서글펐다. '이래서 보험이 어렵다 했구나' 그 말을 톡톡히 실감했다. 회사 교육 때마다 거절에 대응할 수 있는 화법을 많이 들었지만, 직접 거절을 대면하자 아무 생각도 나지 않았다. 스스로 마음을 추스르기조차 쉽지 않았다.

하지만 그 처음의 시련이 나를 단단하게 만드는 계기가 되었다. 아는 사이일수록 더 어렵다는 보험에 대해 빠르게 인정하게 됐다. 어차피 거절은 계속될 일이었다. 반복될 일이라고 인정하고 나니, 이 반복은 내가 깨트려야 하는 하나의 목표가 되었다.

목표가 있다는 건 행복한 일이다. 물론 그 목표를 향해가는 길이 행복할 수만은 없다. 그러나 내가 그 목표에 도달했을 때, 어려움이라는 걸 깨부수었을 때의 기분은 상상만 해도 즐거운 일이었다.

실패했던 처음과 반대로 말없이 서명을 해주는 고객도 존재했다. 나는 다음으로 고등학교, 대학교 동창이자 그 시절 제일 친했던 친구를 찾았다.

나는 연금부터 실비까지 다양한 보험 상품을 준비했다. 첫 번째 거절 때문인지 긴장은 쉽게 사라지지 않았다. 하지만 친구는 내가 설계해온 보험 상품을 제대로 살피지도 않고 한마디 했다.

"그래, 어디에 사인하면 되는 거야?"

그렇게 나에게 첫 번째 계약자가 생겼다.

시련이라는 건, 어쩌면 실현이라는 단어의 변형일지도 모른다. 어떤 일을 실현하기 위한 시련이라는 게 눈앞에 펼쳐진다고 생각하면, 상당히 좋은 단어로 보인다. 살다 보면 언제 어디서든 시련은 다가온다. 모든 일에 있는 시련을 '왜 나에게만?' '어떻게 이럴 수 있지?'라고 생각하면 버티기 힘들어질 뿐이다.

물론 세월이 흐르는 동안 나를 시련에 빠트린 그 대표는 내 고객이 되어 있다. 처음 마주한 절망적인 실패였지만, 지금은 유쾌한 추억으로 남아 있다.

누군가 이렇게 말했다. 고객들은 언제든 내 곁을 떠날 준비를 한다고 말이다. 하지만 반대로 생각해보자. 사람들이 언제든 내 고객이 될 수 있다고 생각하면, 내 정신 건강에도 훨씬 이로운 일이다.

'시련을 실현으로 뒤바꾸는 일을 하라'

처음으로 예비 고객과 약속을 잡고 사무실을 나서는 설계사들의 가슴에 꼭 새겨주고 싶은 말이다.

처음 겪었던 거절이 엊그제 같은데 벌써 17년이 지났다. 어느 때는 하루같이 느껴지기도 한다. 물론 그때의 감정은 힘들었지만, 당시 첫 거절은 나에게 큰 선물이 되어 나를 지탱하는 힘이 되어주었다.

03

정년 없는
평생직업

1947년생 전북 김제의 박종필 하이플래너님. 221차 월

1947년생 전북 부안의 이덕례 하이플래너님. 201차 월

1946년생 전북 전주의 이영환 하이플래너님. 191차 월

1934년생 전북 무주의 이석하 하이플래너님. 263차 월

내가 사는 전북 지역에서 젊은이들 못지않게 왕성한 활동으로 존경받는 분들이 계시다. 1947년생으로 올해 일흔 살이 되시는 김제의 하이플래너 박종필 님, 동갑인 부안의 하이플래너 이덕례 님, 한 살 많은 전주의 하이플래너 이영환 님이다. 이미 60세를 한참 지났고 70세에서부터 83세까지 계시다. 놀랍게도 이분들은 현재도 건

강하게 활동하고 있다. 400차 월을 꿈꾸는 나에게는 멋진 롤모델이다.

올해 83세인 무주군의 이석하 하이플래너님은 2016년 6월이 263차 월 마감이라고 한다. 현역으로 활동하는 83세 하이플래너라니 얼마나 멋지고 가슴 뛰는 일인지 모르겠다. 퇴직 후에도 쉬지 않고, 제2의 직업을 갖고 현역 생활을 하는 인생 선배들을 보면 더 힘이 난다.

400차 월까지 일하겠다고 발표한 내 계획은 이분들을 뵈면서 수정해야 할지도 모르겠다는 생각이 든다. 대부분 정년퇴직을 하고 나서 시작하신 분들인데, 나는 훨씬 어린 나이에 시작했으니 지금처럼만 진행하면 내가 70세가 되고 80세가 되어도 경쟁력이 있겠다는 생각이 들어서이다.

우리가 알고 있는 칠순, 팔순 어르신들은 자녀들에게 용돈을 받을 거라고 예상하게 된다. 그런데 이분들은 현재 일을 하면서 손주들의 용돈까지 챙겨줄 수 있다. 무엇보다도 집이 아닌 밖에서 직접 움직이고 계시니 또래보다 건강하시다. 젊은 사람들과 어울리고 정보도 빠르니 더 젊게 사실 수밖에 없겠다는 생각이 든다.

직접 운전을 해 아침 조회에 참석하고 고객들을 만나러 다니신다고 하니 대단히 존경스러울 뿐이다.

오랜만에 은행 지점장으로 있는 친구들과 만나 저녁 식사를 함께했을 때였다.

"오늘은 자네가 밥을 사야겠네."

친구 하나가 나를 지목하며 밥을 사라는 것이다.

"왜 나더러 밥을 사래?"

"우리는 올해나 내년에 명예퇴직을 해야 할지, 아니면 임금피크제 적용을 받아야 할지 심각한 고민을 하는 중인데, 자네는 정년이 없는 일을 하고 있으니 스트레스가 없잖아! 그러니까 자네가 밥을 사야지!"

친구는 씁쓸한 농담을 건넸다. 요즘 만나는 친구들과 자주 나누는 웃지 못할 농담들이다.

나는 1962년생으로 베이비붐 세대이고 경영학을 전공해서인지 많은 선·후배가 금융권에 종사하고 있다. 친구 말대로 나는 내가 중도에 포기하지만 않는다면 퇴직 걱정 없는 일을 하고 있다.

그동안 회사와 고객들에게 인정받을 만큼 열심히 일했다. 친구 역시 마찬가지다. 능력 있고 아직 젊다. 다만 명예퇴직 걱정으로 일하지 못할 것이라는 걱정 자체가 걱정일 뿐이다.

내가 하는 일은 정년이 없는 평생직업이 확실하다. 함께 근무하는 모델들이 있으니 걱정할 일도 없다. 나는 이미 2백 차 월을 마감했고 앞으로 2백 차 월을 더 마감하고도 끄떡없을 나이다. 그러면서 '나는 언제 쉬려나!' 하며 즐거운 상상도 해본다. 상상하다 보면 미소가 번지는 멋진 계획까지 생겨난다.

사랑하는 후배, 남우진, 서철민, 국승철. 이들은 내가 4백 차 월을 마감할 즈음이면 회갑을 맞게 된다. 그들이 그때까지 보험업에 종사하고 있다면 내가 회갑잔치를 열어주어야겠다는 생각을 책이 출판되는 날 미리 발표해야겠다 싶다.

지금 내가 2백 차 월을 마감하면서 지난 시간을 돌아보고 새로 맞이할 2백 차 월을 위해 책을 내는 큰일을 치르는데 4백 차 월을 맞는 감회는 얼마나 클지 벌써 설렌다.

우리 사업부에도 칠순이 넘은 어르신이 계시다. 연봉이 많고 적은 건 문제가 아니다. 그 어르신들의 명함에는 대기업 마크와 회사 이름이 선명하게 새겨있고, 현재도 일을 하고 있다는 게 중요하다.

우리 일의 매력은 한두 개가 아니지만, 특히 정년이 없는 일을 무엇과 비교할까. 칠순이 아니라 팔순이 된다 해도 회사가 퇴직을 권하지 않는다. 스스로 할 수 없는 상황에 처하지 않는다면, 계속 일할 수 있다니 얼마나 멋진 일인가.

올해 1월에 200차 월을 마감하며 친구들의 부러움이 내 어깨를 더 으쓱하게 만들었다. 나는 임금피크제와 상관없이 3백 차 월, 4백 차 월도 꿈꿀 수 있다. 불안에 떨고 있는 친구들과 선 · 후배들에게 위로를 해주며 나와 함께 보험영업을 하자고 권하고 싶다. 그들의 성실함과 좋은 인맥을 배경으로 나보다 훨씬 멋진 신인 시절을 보낼 수 있지 않을까 하는 생각을 해본다.

임금피크제로 걱정하는 베이비붐 세대나 퇴직 후를 걱정하는 지인이 있다면 적극적으로 리쿠르팅에도 관심 가져 보기를 바란다. 그들에게는 새로운 도전과 꿈을 심어준다고 생각하고 말이다. 우리처럼 대기업에서 정년 없는 특채사원으로 입사할 기회를 주는 일이니 말이다.

슬럼프
천적

어느 일을 하고 있든 슬럼프라는 반갑지 않은 손님은 찾아온다. 그러나 슬럼프는 부지런하지 않다. 게으른 쪽에 가깝다.

내 주변에 있는 부지런한 동료들에게는 슬럼프가 온 적이 없다. 내가 모르는 사이 그들에게도 슬럼프가 있었는지는 모르겠지만, 적어도 겉으로 드러나는 슬럼프로 본인과 주위 사람들을 힘들게 한 적은 없었다.

한 번 그리고 두 번, 버릇처럼 슬럼프가 찾아오면, 요즘 말하는 '유리멘탈' '멘탈붕괴' 상태가 오게 된다. 그리고 이때 함께 찾아오는 건 우울함이다. 우울함이라는 녀석은 일어나지 않은 일까지 걱정하게 하고 작은 문제에도 최대한 나쁜 결과를 유추하게 만든다. 결과적으로 피해를 보는 건 나 자신이다.

사람들을 만나는 게 일이다 보니, 상대방의 마음을 자주 들여다 봐야만 하지만 슬럼프는 다른 사람의 상황은 배려하지 못하고, 오로지 내 마음만 들여다보게 만든다. 이것들이 자주 오다 보면 내 고객에게까지 불똥이 튄다. 슬럼프가 보험설계사에게는 최악의 상황이라고 해도 과언이 아닌 이유다.

이런 슬럼프에도 천적은 존재한다. 바로 당사자 주변에 있는 '동료'다. 나는 슬럼프를 예방하기 위해서 의식적으로 하는 일이 있다. 바로 동료를 찾아가는 일이다.

보험 일을 하면서, 주변에 많은 동료가 생겼다. 회사 외부에서도 다양한 활동을 하다 보니, 내가 사는 지역뿐만 아니라 전국에도 도움받을 만한 동료가 많다. 나는 슬럼프 기미가 보일 때 동료를 찾는데, 이왕이면 배울 점이 많은 동료를 찾아간다. 내가 닮고 싶은 화법이든, 배우고 싶은 성격이나 됨됨이든, 오로지 편안하게 배울 수 있는 존재를 찾아간다. 만약 누군가 실적에 대한 슬럼프가 온다면 실적이 좋은 동료를 찾는 것도 좋은 방법일 것이다.

동료를 만나면 어떻게 변화하냐고 반문하기도 하는데, 우선 그들을 만나는 것만으로도 충분한 위로의 시간을 보내게 된다. 동료와 마주하고 있을 땐, 나에게 붙어 있는 슬럼프는 나만 힘들게 할 뿐이라는 사실과 누구에게 내 슬럼프를 가져가 달라고 부탁할 수도 없는 노릇이라는 걸 깨닫게 된다.

처음부터 슬럼프를 제대로 이겨낸 것은 아니었다. 입사 초기, 슬

럼프가 찾아온 적이 있었다. 나는 이승환 대표를 찾아갔다. 이 대
표는 내 표정을 단번에 읽었는지 지점 옆 사우나를 가자고 했다.

  뜨거운 한증막 안에서 온몸의 피로가 풀리는 기분이었다. 굳이
힘들다는 말을 하고 싶어 찾아간 건 아니었지만, 자연스럽게 그 말
이 나오고 말았다.

  "힘드네요."
  "그야 당연하지. 나는 너보다 더 힘들다. 너에게 있는 젊음이 나
에게는 없어……. 그래도 우리가 힘들다고 하면, 다른 사람은 얼마
나 힘들겠냐?"

  이승환 대표의 말이 틀린 얘기는 아니었다. 이 대표와 나는 같은
지역에서 실적 상위권을 유지하는 보험설계사였다. 상위권에 머무
르고 있는 우리가 이렇게 힘들다면, 다른 사람들도 똑같은 고민을
안고 있을 것이다. 그 고민을 먼저 깨트리는 사람이 더 높은 실적을
낼 수 있게 된다고 생각하자 슬럼프가 슬그머니 사라졌다.

  사람들은 내가 늘 자동으로 신계약을 많이 한다고 생각한다. 하
지만 지속적으로 신계약을 많이 하는 것은 어려운 일이다.

  나는 실적이 좋은 정읍의 최순자, 고창의 김상균 설계사와 가끔
만나서 식사도 하고 차를 마시며 정보를 교환한다.

  벤치마킹처럼 그들의 방법을 조사하는 건 아니다. 그저 그들을
찾아가 실적을 물어보고 같이 대화를 나누는 것. 그것만으로도 충

분하다. 겉으로 보이기에는 벤치마킹과 비슷한 방법이지만, 동료로서 대화를 나누는 것만으로도 힘이 된다.

때로는 혼자 감당하기 어려울 만큼 덩치 큰 슬럼프가 오기도 한다. 그럴 때도 나는 동료를 먼저 만난다. 대부분의 슬럼프는 일과 관련되어 있기 때문에 가족보다 편하게 이야기를 나눌 수 있다. 가족은 업무에 대한 이해가 없으니 오히려 내 우울만 한 줌 떼어주는 일 같아서 가능한 동료들을 통해 해결하려 한다.

어차피 슬럼프라는 녀석은 게으르고, 인내심도, 사교성이 없는 놈이다. 관심을 두지 않으면 알아서 떨어져 나간다고 믿는 게 최고다.

'슬럼프는 왕따나 마찬가지다.'

이렇게 생각하는 것도 하나의 방법이다.

간혹 슬럼프라는 놈에게 붙잡혀서 스스로 나태해지는 경우가 있다. 덩치가 크든 작든 어려운 건 항상 마찬가지다. 그러나 삶은, 안개가 자욱한 길을 걷는 것과 같다. 발 앞에만 보이는 길이라 할지라도 한 발을 떼어, 보이는 곳까지 걸어가면 새로운 길이 보이기 마련이다. 그리고 더 용기 내 안 보이는 곳까지 발걸음을 옮기면, 그동안 보이지 않았던 새로운 길이 보인다.

슬럼프를 무작정 '이겨내야만 한다'라고 생각하면 어려울 뿐이다. 새로운 길을 발견하자고 생각하면 문제는 간단해진다. 동료들과 어울려 나 스스로 약한 매질을 하는 것도 좋고, 상대를 통해 내가 탄력을 받는 방법도 좋다. 하지만 무엇보다 그 슬럼프라는 녀석을 이긴 뒤에는 항상 새로운 길을 발견을 할 수 있다는 장점이 있다.

삶이 매번 나를 반가운 손님처럼 대하고, 쉬운 길로만 안내한다면 그건 친절을 가장한 어둠과도 같다. 내가 바뀌거나 새로워지는 시간을 방해하고 있으니 말이다. 슬럼프가 오는 시간을 반갑게 맞이해 보자. 극복한 뒤에 더 점프해 있는 나를 발견할 수 있다.

가업승계

‘직업의식’은 다 아는 말이다. 사전을 보면 ‘각 직업에 종사하는 사람들의 특유한 태도나 도덕관, 가치관 따위를 통틀어 이르는 말’이라고 기재되어 있다. 직업의식을 갖는다는 건 그 일을 얼마나 ‘나의 일’로 생각하느냐의 문제와도 같다. 그렇게 생각하는 사람이 자신의 분야에서 전문가가 될 확률이 더 높기 때문이다.

하늘이 내려준 직업이 있다는 말을 종종 듣는다. 나는 그 무엇보다 중요한 말이라고 생각한다. 그래야만 행복한 직업의식을 가질 수 있고, 하는 일을 더 사랑할 수 있기 때문이다. 보험설계사는 내가 어릴 적부터 꿈꾸던 직업이 아니었다. 하지만 지금은 하늘에서 내려준 직업이라고 여기고 있다.

내 첫 직장은 BYC였다. 당시 공채에 합격해 기쁜 마음이 앞섰다. 3남 2녀 중 맏이인 나에겐 고향 집을 떠나지 않고 다닐 수 있는 회사라 더 좋았다.

입사 초기부터 상사와 동료 직원 모두와 잘 지내는 촉망받는 직장인이었다. 상사들에게 밉보이지 않는 신입이 되고 싶었고 직장생활을 더욱더 잘하려고 노력도 많이 했다. 첫 직장에서 인정받는다는 재미도 쏠쏠했다. 그렇게 11년을 근무하는 동안 동료들과 우여곡절과 희로애락을 함께하고 생로병사도 목격했다. 노력만큼 잘 지낸 덕분인지 지금 내 보험 일의 근간이 돼준 지기들도 많다.

사람들은 만족하는 직장생활을 왜 그만뒀는지 궁금해한다. 다양한 생각과 이유가 있었지만, 지금 하는 일과 비교했을 때 크게 다른 점 한 가지가 있다. 바로 '하늘에서 내려준 나의 직업'이라고 생각하느냐, 않느냐였다.

재미있는 일과 적성에 맞는 일, 잘할 수 있는 일과 잘하고 싶은 일은 전부 별개다. 나는 지금 하는 보험 일을 처음부터 적성에 맞는 일이라고 생각하지 않았다. 그러나 지금은 다르다. 내가 가장 잘할 수 있는 일이자, 더 잘하고 싶은 일이 됐다.

보험 일은 내가 노력한 만큼 인정받았고, 뿐만 아니라 더 욕심이 생기는 일이다. 그렇다면 이 일은 충분히 하늘이 내려준 '나의 길'이 아닐까? 훗날 아들과 함께 해보고 싶은 일이라는 생각까지 할 정도이니 단순한 애정의 차원을 넘어선다.

언제부터인가 대기업이나 중소기업들이 하는 가업승계를 보험회사에서도 볼 수 있게 됐다. 실적이 높은 대형 사원들이 자녀들에게 가업처럼 승계하여 함께 일을 하는 것이다. 모은 재산을 자녀에게 물려주고 싶은 마음이야 모든 부모의 공통된 생각일 수 있다. 그런데 보험의 가업승계는 약간은 다른 성격이다.

오랫동안 고객과 밀접한 관계를 맺은 보험설계사가 고객과의 관계를 지속하려는 게 다르다면 다른 점이다. 나도 이와 크게 다르지 않다. 무엇보다 물질적인 재산을 물려주는 게 아니라 일하는 법과 사람들을 남겨주고 싶다는 마음이 앞선다.

대형 설계사들은 점점 늘어나는 고객들에게 더 많은 서비스를 하고 싶어 한다. 그런데 그 일을 혼자 해낼 수는 없다. 그럴 때, 직원을 채용하는 것보다 더 믿음이 가는 가족을 선택한다. 가업승계를 한 그들의 말을 들어보니 고객들 역시 가족이 함께 일해주길 선호한다고 한다. 모르는 사람에게 계약이 이관되고 새롭게 관계 맺는 것에 비하면 더 신뢰가 갈 수밖에 없고 대대로 오랜 시간 관리받는다고 생각하기 때문이다.

이미 일을 자녀에게 승계를 한 후에 함께 일하는 동료들을 보면 나 역시 부럽다는 생각을 한다.

아들의 진로는 아직 명확하지 않지만 아들과 직업관에 대해 대화 나눌 일은 많다. 나는 두 배 이상 살아 본 인생 선배로서, 아빠로서 해줄 이야기가 많다. 마침 아들이 부동산학과를 다니고 있으니 사람들에게 도움이 될 공부를 더 많이 했으면 하는 바람이 크다.

내가 주로 만나는 고객들이 중소기업과 소상공인들이다 보니 그들에게 전문적인 지식과 정보를 알려주었으면 하는 욕심이다.

나는 아들에게도 전문가가 되어 평생 일할 수 있는 직업을 가지라고 강조한다. 경영지도사나 공인노무사 같은 자격증을 취득해서 퇴직 걱정 없는 직업을 가지라고도 말한다. 내 욕심을 아들에게 내비치는 게 아닌, 아들의 경쟁력 자체가 올라가는 일이라고 생각한다.

훗날 아들이 보험의 매력에 빠져 보험을 해보겠다고 말한다면, 나는 적극 권장할 것이다. 아들과 내가 함께 연계할 수 있는 일이 너무 많기 때문이다. 부러워만 했던 동료들의 가업승계 멤버에 들어갈 수 있겠고, 그렇게 된다면 회사와 고객 모두가 편해지고 이익이 되리라 본다. 왜냐하면 고객들은 전혀 모르는 사람에게 계약관리가 넘어가는 일이 없을 테고, 회사는 계약 이탈이 적어지기 때문이다.

고객도, 회사도, 나 역시도, 경쟁력을 갖춘 아들 역시 모두가 좋은 일이니 아들이 대학을 졸업하고 진로문제를 상담해오면 진지하게 이야기를 나눠볼 참이다.

영업을 한다는 것. 보험영업으로 수익을 올린다는 것. 해봤든 안 해봤든 대부분 사람이 어려운 일이라고 예상한다. 17년을 하고 있는 나조차도 한마디로 정의하기란 쉽지 않다. 어느 때는 쉽다가도 어느 때는 막막하고 어렵게만 느껴진다.

사실 어려운 일인 건 분명하지만, 여느 일과 마찬가지로 시간이 지나면서 점점 쉬워지는 일이다. 내가 들인 시간과 노력만큼, 인정받고 실력이 늘어나기 때문이다.

보험을 처음 시작한 17년 전에는 보험설계사 일을 생각 없이 시작했다. 그러다 시간이 지나면서 내가 만난 회사와 고객들에게 인정받게 되었고, 잘하고 싶은 욕심에 열심히 뛰기 시작했다. 전국의 실력자들을 찾아가 노하우를 얻으며, 전문가로 대우받는 비법을 익히기 시작하자 고객 수는 점점 더 늘어났다. 나와 알게 된 후에 일이 잘된다는 고객이나 동료의 덕담이 신나게 일할 수 있는 원동력이 되어 주기도 했다.

지난 시간을 되돌아보면 첫 직장에서 11년 동안 일을 한 건 사실이지만, 스스로 알고자 노력한 일은 많지 않았다. 그저 당장 눈앞에 주어진 일만 열심히 했던 기억이 난다. 그러나 지금 하고 있는 보험 일은 아들에게까지 물려주고 싶다는 생각이 들 정도로 이전과는 확연하게 다르다. 무엇보다 일의 가치를 더 생각하게 되었고 내 역량을 더 끌어올리고 싶은 일이다.

사람마다 현재 하고 있는 일이 있다. 누군가는 나처럼 천직이라며 행복하게 일하고, 또 누군가는 하기 싫은데도 해야만 한다고 생각하며 일한다. 둘의 차이는 극명하다. 오늘 당장의 평가는 어떻게 나올지 몰라도 시간이 지나면서 둘의 차이는 드러날 것이다. 내가 50년 넘게 살아보고 17년 동안 한 가지 일을 하면서 자연스레 알게 된 사실이다.

"내가 지금 하는 일은 하늘에서 내려준 일이다. 오늘 일이 잘 안 풀리는 이유는 내가 이 분야 최고인지 아닌지를 하늘에서 시험하고 있는 것이다."

이렇게 자신에게 주문을 걸고 하루, 일주일, 한 달을 지내다 보면, 어지간한 애로는 견디게 된다. 그리고 하는 일이 즐거워진다. 자연스럽게 내가 즐겁고 주변 사람들에게 인정받는 일이 늘어난다.

내가 하는 일을 자식에게까지 물려주고 싶다고 큰소리칠 수 있는 일이라면 당장 나부터 일하는 자세가 달라질 것이다. 그렇게 시간을 보낸다면, 어떤 결과가 나올지 따로 밝히지 않아도 알아차릴 거라 생각한다.

축복의

인연

사람은 살아가면서 지탱할 수 있는 친구를 만나게 된다. 나에게
도 마치 하늘에서 맺어준 인연 같은 지기들이 많다. 내가 계속 노력
할 수 있도록 힘을 북돋워 주고 복을 가져다준 존재들이다. 사람
뿐만이 아니다. 어느 때는 그 시기, 혹은 그 상황, 내가 있던 곳들
이 단단한 나를 만들어 주기도 한다.

첫 번째로 감사한 축복의 인연은 고등학교다. 직장 이전에 대학
교도 다녔지만, 왜인지 대학교 생활은 이렇다 하게 특별한 일이 없
다. 왜 특별하지 않았는지에 대해 생각해봐도 기억나지 않는 것 보
니 고등학교 생활의 많은 추억 때문이 아닐까 싶기도 하다. 고등

학교 시절은 입학식 때부터 졸업식까지 생생한 기억들이 너무 많다. 학창 시절 당시에도 자랑스럽게 다녔고, 졸업 이후에는 더 강한 애착이 들었다.

총동창회장이 되고 장학재단 이사장까지 맡으며 모교 사랑은 더 각별해졌다. 학교가 생기고 2회로 입학했으니 1년 선배를 제외하고는 모두가 후배들이다. 학교를 자랑스러워하고 후배들을 남달리 아끼다 보니 후배들도 잘 따라주었다.

직책을 맡은 후로 1만3천 명이 넘는 동문과 자주 만날 기회가 생겼다. 지금 재학 중인 학생들을 만나 그들과 이야기를 나눈 뒤 장학금을 전달하는 일이 마냥 행복하기만 하다. 내 인생의 큰 자랑에 전북사대부고가 빠지지 않는 이유다.

지금의 나를 있게끔 해준 또 하나의 자랑은 BYC 전주공장이다. 공장이 나를 있게 해주었다니, 무슨 소리인가 싶은 사람들도 있을 것이다. 그곳에서 만난 여러 인연이 내게 참 소중한 존재들이기 때문이다.

대학을 졸업하고 군대를 다녀오고 첫 직장의 신입사원부터 부서장이 될 때까지……. 상하좌우 관계를 몸으로 체득한 시간이 큰 도움이 되었다.

당시 나는 40개가 넘는 부서에 많은 직원이 근무하는 곳에서 인사과장을 지냈다. 인사과에는 과장, 남자 직원 2명, 여자 직원 4명으로 총 7명이 근무를 했다.

아직도 BYC 멤버들과 여러 모임을 하는데 그중에 인사과 동료들과의 모임은 각별하다. 모임에서 제일 나이가 많은 건 나다. 이제 그들은 40대 중반, 50대 초반의 나이가 되었다. 그래도 22년 전 그 모습 그대로인 것 같다. 이렇게 나이를 먹고 옛날을 생각하면 감회가 새롭다. 열아홉 살 소녀가 중년의 아줌마가 되어 있으니 말이다. 모두 결혼해서 건실하게 살았고, 어느덧 나이 마흔을 넘어선 중년의 여유와 멋까지 풍긴다.

내가 현대해상에 들어와서 첫 단추를 잘 끼울 수 있게 도와준 1등 공신도 BYC 동료들이다. 내가 보험영업을 시작하게 될지 아무도 상상하지 못했지만, 그들은 보험을 시작한 나를 격려해주고 적극적으로 도와주었다.

BYC 출신이라면 고객이든 아니든 만나면 반갑고 아련한 추억만 떠오른다. 첫 직장 BYC에서 함께한 사랑하는 동료들에게 감사의 말을 쓴다면 책 한 권도 부족할 정도다.

세 번째라고 말하지만, 첫 번째에 넣어도 어색하지 않은 인연이 있다. 다들 눈치를 챘을 거라 생각한다. 지금 몸담고 열심히 일하고 있는 '현대해상화재보험'에 대해 다시 강조하지 않을 수 없다. 이 책에 실린 내용 90%가 현대해상 이야기라고 해도 과언이 아니다. 전 직장 BYC에 애착을 느끼게 된 것과 고등학교 동문과 맺은 특별한 인연의 근간은 모두 현대해상 덕분이다.

큰맘을 먹고 옮긴 직장에서 자리를 잘 잡았기 때문에 이전 생활에도 관심을 쏟는 여유가 생긴 거나 다름없다. 만약에 현대해상을 만나지 않았다면 평범한 직장인이거나 작은 사업체를 운영하는 정도였을 거다. 그렇게 야망 없고, 굴곡도 없이 살 수 있었던 나를 한 단계 발전시켜주고, 내 인생을 달라지게 해준 곳이 현대해상이다.

차례를 정했지만, 내가 언급하는 순서나 글의 분량으로 그 가치의 크기를 말하는 게 아니다. 항상 내 마음속에 있고, 나를 지탱해주는 세 가지 힘이다.

누구나 특별한 만남을 통해 인연이 되고 모임도 생겨난다. 어떤 형태로 만났든 그 모임에 내가 갖는 애정만큼 나에게 돌아온다고 생각하면 된다. 내 경우는 내가 보낸 애정보다 훨씬 크게 받았다고 생각한다. 우리는 서로가 좋은 마음으로 먼저 생각해주는 선순환의 관계가 된 것이다.

지금 참여하고 있는 모임에 가거든 조금만 더 애정을 보이며 존재를 나타내보길 바란다. 일정 시간이 지나면 더 많은 사랑을 받을 수 있다고 귀띔해주고 싶다.

에필로그

드디어 원고를 모두 마쳤다. 언제쯤 완성할 수 있을지 까마득했는데, 바로 그날이 왔다.

책을 써야겠다고 마음먹었을 때는 자신 있었다. 내가 17년 동안 해 온 보험에 대해 쓰면 된다는 생각이었다. 하지만 첫 줄을 쓰는 순간, 그 자신감은 바로 사라져버렸다. 긴장할 때 말이 잘 나오지 않아 버벅댈 때처럼 글이 제대로 나오지 않고 막혀버렸다.

그리고 후회가 밀려오기 시작했다. 포기하고 싶은 마음이 날마다 커졌다. 책을 쓴다는 건 말하는 것보다 더 어려운 일이었다. '그냥 혼자만의 생각으로 접어둘 걸…….' 작년 6월부터 책을 내겠다고 큰 소리를 쳤던 나는 어느새 이렇게 2016년의 여름을 맞이하게 되었다.

말로 해야 하는 일이 있고, 글로 남겨야 하는 일이 있다. 말하는 것만큼 내 이야기를 쓴다는 것에 자신 없어 하던 내가 굳이 책을 펴 내고자 한 이유는, 나의 경험을 후배들에게 들려주고 고객들에게 감사함을 표하기 위해서다. 오직 그 결심 하나였다.

나는 내 주변의 사람들에게 값진 이야기를 들려주려고 노력했지 만, 그 말들이 남겨져서 어딘가에 전해지지는 않았다. 그래서 이렇 게 17년 동안 몸으로 부딪혔던 이야기들과 하고 싶은 말을 글로 남기고 싶었다.

그 무수한 일들과 감사한 마음을 한 권의 책으로 남기고, 사람 들에게 선물처럼 직접 전할 수 있다는 사실이 기쁘다.

처음 책을 내야겠다고 다짐한 건 주변 사람을 위해서였지만, 이 책으로 인해 나 역시 크게 달라질 것이라고 믿는다.

한 해 한 해가 쌓여갈수록 나는 발전했지만, 고민은 끊이지 않았 다. 예측 못 한 상황들이 닥쳤을 때 어떻게 단번에 결정을 내리고 행동하겠는가. 나의 수많은 행동을 돌아봐야 했다. 경험을 기억해 내면서 그때는 그랬고, 어떨 때는 저랬으니 앞으로는 어떤 방향으로 나아가 볼지 다시금 생각하는 것이다. 그러니 이 책은 후배들과 고객들뿐만 아니라 이 책의 주인공인 나를 위한 선물이기도 하다.

이 책의 제목에도 들어가 있는 '연도대상'의 주인공이 되고자 2015년에도 최선을 다했다. 그리고 2015년 실적으로 동상 수상자로 확정되었다는 말을 들었다. 감개무량했다. 나도 모르는 사이 나만의 역사가 이어지고 있었다. 2016년 1월에는 200차 월 마감도 무난하게 마쳤고 벌써 열 번째 연도대상 수상자가 되었다.

17년 전, 이 일을 시작하기까지 부모님의 반대도 있었고 나 스스로에 대한 고민도 많았다. 그것들을 다 이겨내며 시작한 보험이었다.

보험은 나 자신을 완성하게 만들어 준 일이다. 무엇보다 나를 믿고 보험을 시작하게 된 선·후배와 지인들에게 받은 관심과 사랑은 한 권의 책에는 모두 담을 수 없을 만큼 많고 크다.

2015년 6월 6일, 책을 내겠다고 다짐한 날 이후부터 전과 다른 새로운 일들이 많이 일어났다. 내가 하고 있던 모든 일을 뒤로하고 글을 쓰겠답시고 무작정 제주도로 떠났던 일. 예비 작가라는 명분으로 출판사 소속 작가들과 필리핀 세부로 워크숍을 떠난 일. 책을 낸다고 글을 쓰고 있는 와중에 '이거 하나는 못 써낼까' 하는 마음으로 응모했다가 영업수기 은상을 받게 된 일.

결국, 책을 쓴다는 새로운 도전을 계기로 더 폭넓은 경험과 함께 내가 하는 일에 대한 애정도 확인할 수 있었다. 나는 내가 보낸 지난 17년을 다시 보았고, 보험 시장과 그 안에 있는 나의 위치를 점검해보는 시간도 가졌다.

300차 월 마감도 생각해보았고, 400차 월 마감, 그리고 한참 후까지 내다볼 수도 있었다. 50대 중반이 된 지금 20년 후까지 일할 생각을 한다는 자체가 감동이다. 또래들은 명퇴를 걱정하고 칼바람 권고사직을 걱정하는데 나는 20대 청년처럼 미래를 말하고 꿈을 꾸며 지낸다.

그리고 본문에서 언급한 많은 지인이 나와 함께 미래를 말한다. 함께 일해보자고 제안했던 일이 그들에게 최고의 선물이 되었고, 그렇게 나의 말을 듣고 일을 시작한 그들이 내게 있어 최고의 선물처럼 느껴진다.

나를 바르게 키워주신 부모님과 남다른 우애의 동생들. 25년 한결같이 전적으로 나를 믿어준 사랑하는 아내, 아빠를 자랑스럽게 생각하고 친구처럼 지내주는 아들 동선이에게 감사의 말을 전한다. 가족들의 말 없는 지지와 기도가 오늘의 나를 있게 만들었다.

현실에 안주하지 않고 늘 새로운 영역을 개척해 기분 좋은 자극을 주고, 여러 일에 큰 힘이 되어주신 코튼클럽 김보선 회장님께 감사드리며, 업무에 대해서는 가족보다 더 큰 힘을 실어준 김형수 경영지도사와 현대해상 사무실에서 10년 넘게 꼼꼼히 업무를 챙겨주는 유현주 씨에게도 감사를 전한다. 특히 내 모든 실적 대부분은 유현주 씨의 종합적인 업무지원이 있었음을 고백하며 큰 감사를 더하고 싶다. 덕분에 좋은 고객들을 많이 만나고 좋은 인연으로 발전시킬 수 있었다.

항상 내 곁에서 내가 하는 일에 관심을 가지고, 내 말을 귀담아 들어 주는 수많은 선배, 후배들과 지금처럼 함께 나아가고 싶다. 그리고 나의 일을 사랑하게 만들어주고 나를 믿어주는 고객님들에게도 다시금 감사의 마음을 전한다.

끝으로 책을 쓰면서 포기하고 싶은 순간을 넘어가게 해주고 이렇게 책을 나오게 해준 더클 출판사 유준원 대표에게 감사한다. 기분 나쁘지 않은 독촉으로 포기할 수 없도록 해준, 기꺼이 글 친구가 되어준 박주연 팀장, 장선아, 이완수 디자이너에게 진심으로 감사하다.

100세 인생에서 인생 후반전이 시작되었다. 스스로 현대해상에서 대표 하이플래너가 되었다고 생각한다. 후배들에게 좀 더 귀감이 되는 하이플래너가 되고 싶다.

　그동안 인생 전반전에는 주위 분들로부터 선물을 받는 삶이었다면, 후반전에는 내가 주위 분들에게 선물이 되는 삶을 살아야겠다고 다짐해본다.

−이운영

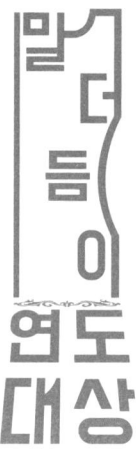